CHARLES STANLEY

Las Bendiciones

del

Quebrantamiento

Vida®

La misión de Editorial Vida es ser la compañía líder en comunicación cristiana que satisfaga las necesidades de las personas, con recursos cuyo contenido glorifique a Jesucristo y promueva principios bíblicos.

BENDICIONES DEL QUEBRANTAMIENTO
Edición en español publicada por
Editorial Vida – 1998
Miami, Florida

©1998 por Charles F. Stanley

Originally published in the USA under the title:
The Blessings of Brokenness
©1997 by Charles F. Stanley
Published by permission of Zondervan, Grand Rapids, Michigan

Traducción: *Cecilia Romanenghi de De Francesco*
Diseño interior: *Words for the World, Inc.*
Diseño de cubierta: *Good Idea Productions Inc.*

ISBN: 978-0-8297-1684-9

CATEGORÍA: Vida cristiana / Crecimiento personal

IMPRESO EN ESTADOS UNIDOS DE AMÉRICA
PRINTED IN THE UNITED STATES OF AMERICA

10 11 12 13 ❖ 38 37 36 35 34 33

ÍNDICE

UNO

¿QUEBRANTADOS Y BENDECIDOS?

Quebrantado.

Bendecido.

Parecería que las dos palabras no van juntas. En verdad, parecen ser exactamente opuestas.

Todos sabemos lo que significa ser quebrantado: sentirnos destrozados, como si nuestro mundo se derrumbara, o que todo se explotara. Todos atravesamos momentos cuando no deseamos levantar la cabeza de la almohada, cuando pensamos que las lágrimas nunca cesarán de correr. El quebrantamiento generalmente va acompañado de un vacío: un hueco que no se llena, una angustia que no se consuela, una herida para la cual no existe bálsamo.

El quebrantamiento no produce ninguna sensación de bienestar. Los momentos más dolorosos y difíciles de mi vida han sido aquellos en los cuales me he sentido quebrantado. No me gustan el dolor, el sufrimiento o las sensaciones del quebrantamiento más que a ninguna otra persona. Hay ciertas circunstancias en la vida que duelen, y por momentos el dolor es tan intenso que nos hace pensar que nunca sanaremos.

Sin embargo, una de las cosas que he descubierto es que después del quebrantamiento se puede experimentar las bendiciones más grandes de Dios. Entonces, nuestra vida puede ser mucho más fructífera y desarrollarse con un propósito superlativo. El amanecer después de una noche muy oscura y devastadoramente tormentosa es glorioso. Sentir nuevamente el gozo al final de un período de intenso duelo puede producir una sensación de éxtasis. La bendición puede venir como consecuencia de haber sido quebrantado.

Pero esta bendición viene únicamente si experimentamos el quebrantamiento de una manera completa y nos confrontamos con la pregunta: *¿Por qué Dios permite que seamos quebrantados?* Si dejamos que Dios haga su obra completa en nosotros, la bendición vendrá detrás del quebrantamiento.

¿HUIMOS DEL DOLOR O LE HACEMOS FRENTE?

La mayoría de las personas no comprenden lo que la Biblia enseña acerca del quebrantamiento. Por lo tanto, la última cosa que desean en su vida es experimentarlo. Más bien, no escatiman esfuerzos para huir del quebrantamiento.

En un tiempo cuando oímos hablar tanto acerca de la prosperidad, la sanidad, o el deseo de Dios de vernos felices, el mensaje del quebrantamiento carece de atractivo para muchas personas. Por cierto, los únicos a quienes les parece atractivo son aquellos que desean lo mejor de Dios.

¿Por qué digo esto?

Porque Dios se encuentra más involucrado en el proceso de transformar nuestros deseos que en el de darnos lo que deseamos. Dios nos está purificando, nos está amoldando, transformándonos en la clase de personas con las cuales Él desea vivir para siempre.

Dios no nos creó para darnos cada capricho y deseo, sino más bien para llevarnos a la posición en la cual querremos hacer sólo lo que Dios desee. Él nos creó para sí.

Si yo le pregunto: "¿Realmente desea lo mejor de Dios para su vida?", estoy seguro de que me dirá: "¡Sí, por supuesto!"

Si le pregunto: "¿Verdaderamente desea convertirse en esa persona que Dios diseñó desde antes de que naciera?", probablemente diría: "¡Absolutamente!"

Y si le pregunto: "¿Está dispuesto a que Dios haga cualquier cosa que sea necesaria para conducirlo a una total entrega a fin de que Él tenga libertad de lograr todo lo que desea hacer por usted y todo lo que quiere realizar en usted?", no estoy seguro de cuál pudiera ser su respuesta.

Para obtener lo mejor de Dios, debemos estar dispuestos a rendirnos completamente a Él, de tal manera que el Espíritu Santo de modo convincente y arrollador nos guíe al punto en el que seamos expresiones vivientes y caminantes de nuestro Señor Jesucristo en el mundo hoy.

No se llega a este estado fácilmente. Aun cuando nos rindamos completa y cabalmente a Dios, seguimos siendo purificados. La purificación se lleva a cabo con el tiempo y a través de muchas circunstancias y situaciones. Ninguna persona llega absolutamente formado como cristiano maduro en el instante en el que reconoce a Cristo Jesús como Salvador. Nos convertimos en nuevas personas en el plano espiritual, pero aún debemos crecer en la naturaleza de Cristo. El crecimiento es un proceso que incluye contratiempos, fracasos, lecciones difíciles y también quebrantamiento. Nuestro desarrollo no incluye solamente un crecimiento espiritual, sino también una renovación de la mente y las emociones.

Los viejos hábitos no se cambian fácilmente. Los deseos de antes quedan adheridos a nosotros a pesar de nuestros esfuerzos por quitarlos de la mente y el corazón. Los antiguos patrones de conducta tardan en morir. En muchos casos, las relaciones anteriores deben ser renovadas o redefinidas. A veces, otras personas a quienes amamos profundamente no parecen crecer espiritualmente con la rapidez que desearíamos, o al mismo ritmo que nosotros.

Aun cuando nos encontremos en el estado más maleable y sumiso, seguiremos padeciendo de la falta de conocimiento de nosotros mismos y, por lo tanto, de nuestros propios pecados. No percibimos nuestro lado oscuro. Podemos *pensar* que nos hemos arrepentido de todos nuestros pecados, pero justo en eso Dios nos revela otra área de la vida que necesita ser objeto de su amor perdonador, y luego limpiada, sanada y renovada por el poder del Espíritu Santo.

Una y otra vez nos encontramos en el proceso de quebrantamiento para que nuestra vieja naturaleza se descascare, que se pueda limar alguna mancha áspera en nuestro carácter, o que un talento desconocido pueda salir a la luz.

El proceso es doloroso y difícil. Sin embargo, es necesario.

El quebrantamiento no es algo que debamos evitar o rehuir a toda costa. Más bien, es algo a lo cual debemos hacer frente con fe. Si en verdad deseamos ser todo aquello para lo que Dios nos diseñó, debemos someternos a Él durante los tiempos de quebrantamiento permitiéndole que nos revele *por qué* estamos atravesando la circunstancia y *qué* es lo que Él desea que aprendamos de esta situación.

UN VASO PERFECTO

Un día el Señor le habló al profeta Jeremías:

> Levántate y vete a casa del alfarero, y allí te haré oír mis palabras. Y descendí a casa del alfarero, y he aquí que él trabajaba sobre la rueda. Y la vasija de barro que él hacía se echó a perder en su mano y volvió y la hizo otra vasija, según le pareció mejor hacerla.
>
> Entonces vino a mí palabra de Jehová, diciendo: ¿No podré yo hacer de vosotros como este alfarero, oh casa de Israel? dice Jehová. He aquí que como el barro en la mano del alfarero, así sois vosotros en mi mano, oh casa de Israel.
>
> Jeremías 18:2–6

¿Alguna vez ha visto a un alfarero en acción sobre su rueda? El vaso va tomando forma a medida que las manos del alfarero lo moldean y guían el flujo de arcilla que sube. Pero luego, si el vaso no encuentra la aprobación del alfarero (tal vez por alguna imperfección en el diseño o una burbuja en la arcilla) él rompe el vaso nuevamente sobre la rueda y vuelve a darle forma a la arcilla. El propósito del alfarero no es destruir su obra, sino más bien hacer un trabajo más perfecto, dando lugar a una forma más bella y más útil.

Dios obra en nuestra vida de esta manera, amoldándonos y transformándonos en la clase de personas que Él anhela que seamos, para que podamos traer gloria a su nombre y para que Él pueda utilizarnos al máximo en la extensión de su reino.

¿Qué es lo que usted preferiría ser? ¿Un vaso realizado de acuerdo a su propio diseño, basado en su mente finita y en su limitada creatividad, poder y sabiduría, un vaso de uso limitado y de valor pasajero, o un vaso de acuerdo al diseño divino, basado en su infinita sabiduría, amor y poder, un vaso de uso ilimitado y de valor eterno e inconmensurable?

Cuando escogemos el diseño divino, inevitablemente debemos escoger rendirnos al quebrantamiento y permitir a Dios que nos haga de nuevo y que nos renueve como Él desea, incluso cuando esto signifique sufrir dolor, infortunios y pruebas.

El quebrantamiento puede ser el camino hacia una gran bendición, pero esto será así solamente cuando permitamos que Dios nos quebrante y que diseñe la bendición.

DOS

DIOS DESEA LO MEJOR PARA NOSOTROS

Con mucha frecuencia, cuando las tragedias nos golpean o nos vemos envueltos en tiempos difíciles, preguntamos: *¿Dónde está Dios?*

Al hacer esta pregunta, estamos suponiendo que Dios no debe haber sabido lo que estaba por caer sobre nosotros, o de lo contrario lo hubiera evitado. O suponemos que Dios no nos ama, porque si nos amara, seguramente nos hubiera librado de todos los momentos dolorosos y de todas las experiencias difíciles.

Las dos suposiciones son incorrectas.

Lo cierto es que Dios sabe y Dios nos ama.

CONSIDERA A MI SIERVO

Cuando experimentamos tiempos difíciles o sentimos un gran dolor y una gran conmoción interna, generalmente tratamos de echarle la culpa a alguien. Decimos una de estas dos cosas: "El diablo causó esto" o "Dios lo hizo".

La probabilidad mayor es la siguiente: El diablo lo causó y Dios lo permitió.

Considere la historia de Job.

Job era un hombre a quien la Biblia describe como perfecto y recto; temeroso de Dios y apartado del mal (véase Job 1:1).

Satanás se presentó ante el Señor y Él le preguntó: "¿No has considerado a mi siervo Job, que no hay otro como él en la tierra?" (Job 1:8).

Satanás respondió:

> ¿Acaso teme Job a Dios de balde? ¿No le has cercado alrededor a él y a su casa y a todo lo que tiene? Al trabajo de sus manos has dado bendición; por tanto, sus bienes han aumentado sobre la tierra.
>
> Job 1:9,10

A continuación, Dios le dio permiso a Satanás para que tocara las posesiones de Job, pero no a su cuerpo. Satanás se movilizó en contra de Job y sus hijos e hijas murieron, al igual que todos sus ganados y rebaños y todos sus sirvientes. Job dijo:

> Desnudo salí del vientre de mi madre, y desnudo volveré allá. Jehová dio, y Jehová quitó; sea el nombre de Jehová bendito.
>
> Job 1:21

Job no culpó a Dios por todas estas tragedias.

Satanás se presentó nuevamente delante de Dios, y el Señor le dijo:

> ¿No has considerado a mi siervo Job . . . que todavía retiene su integridad?
>
> Job 2:3

Satanás dijo:

Todo lo que el hombre tiene dará por su vida. Pero extiende ahora tu mano, y toca su hueso y su carne, y verás si no blasfema contra ti en tu misma presencia.

Job 2:4,5

Entonces el Señor le permitió a Satanás que afligiera a Job, pero le exigió que guardara su vida. Satanás hizo que el cuerpo de Job se llenara de heridas dolorosas, desde la planta de los pies hasta la coronilla de la cabeza. Job se vio inmerso en una gran miseria.

La esposa de Job trató de convencerlo para que maldijera a Dios y se muriera. Sus amigos lo atormentaron con diversas acusaciones. Finalmente Job le dijo a Dios:

Yo conozco que todo lo puedes, y que no hay pensamiento que se esconda de ti.

Job 42:2

Con toda seguridad Dios conocía la aflicción de Job. Él permitió que esto sucediera por razones que sólo Él conocía. A través de todo el dolor de Job y de sus pérdidas, Dios nunca lo abandonó ni siquiera por un momento. En cada paso del camino Dios sabía que Satanás estaba afligiendo a Job. También sabía de qué manera estaba purificándolo.

La buena noticia para nosotros cuando nos quebrantamos es esta: Dios ve el comienzo y el final de nuestra vida. Él ha diseñado un buen futuro para nosotros, un futuro que quizá no experimentemos en plenitud en esta tierra.

En el caso de Job, cuando él hubo orado por sus amigos y declarado que no tenía cuestionamientos acerca de Dios, sino que más bien se daba cuenta de que él era aquel a quien Dios tenía el derecho de interrogar — una posición de absoluta entrega — el Señor hizo que Job prosperara nuevamente. Dios le dio a Job el doble de lo que había tenido antes: ganados más grandes, más hijos y el aliento y el consuelo de sus hermanos y hermanas y de todo el que le conocía. Vivió gozando de buena salud hasta una edad avanzada.

Cualquier cosa que pudiéramos experimentar o cualquiera que sea la forma en la que pudiéramos ser quebrantados, Dios tiene un buen final para nosotros también. Nuestro período de quebrantamiento no es el fin, sino un camino y un proceso hacia un nuevo comienzo que es aun más glorioso.

Sí, Dios sabe y Dios ama.

DIOS SIEMPRE ACTÚA IMPULSADO POR EL AMOR

La motivación que existe detrás de todo lo que Dios hace en nuestra vida y de todo lo que Él permite es el amor.

Dios no permite el quebrantamiento en nuestra vida porque sea cruel y despiadado o porque no tenga corazón o compasión. ¡No! Todo lo contrario. Dios ve todo el potencial de nuestra vida, y desea profundamente tener una relación espiritual íntima y amorosa con nosotros. Quiere sacar a luz lo mejor de nosotros, y que lo experimentemos en todo su amor, sabiduría, poder, fuerza y bondad. Él permite el quebrantamiento en nuestra vida para sacar a luz una bendición.

Dios nunca nos quebranta en su enojo o con ira. Más bien, Él se mueve en nuestra vida porque nos ama demasiado como para dejarnos continuar en el pecado, permaneciendo en un estado de tibieza espiritual, o no pudiendo alcanzar sus propósitos en nosotros. Dios nos ama demasiado para dejarnos seguir tal como somos. Su amor lo motiva a actuar para que podamos cambiar, crecer y llegar a ser maduros y completos en espíritu, mente y cuerpo. Dios nos ama tanto que desea tener una comunión espiritual muy íntima con nosotros; algo que no sucederá cuando nos encontremos en rebelión o poniéndole resistencia. Él quiere despojarnos de todo pecado. Anhela utilizarnos en el servicio santo y eficaz de un ministerio sobrenatural.

El amor de Dios lo lleva a disciplinarnos para que podamos ser purificados en pos de sus propósitos en esta tierra.

¿DISCIPLINA O CASTIGO?

Muchas veces se confunde el castigo con el quebrantamiento. Debemos ser muy claros en este punto: la disciplina y el castigo son dos cosas diferentes.

El castigo es solamente para los incrédulos. Es una expresión de la ira de Dios en contra de aquellos que han rechazado al único Cordero de Dios que puede alejar a una persona pecadora de la ira de Dios. Su santidad y su pureza lo obligan a moverse rápidamente en contra del pecado, esté donde esté y sin importar en quien se encuentre, de la misma manera en que la luz brillante acomete contra una habitación oscura. Dios no puede tolerar el pecado; debe erradicarlo de su presencia.

El incrédulo es alguien que ha rechazado la sangre de Jesucristo, que ha negado el sacrificio que hizo en la cruz y, por lo tanto, no tiene ninguna barrera entre su pecado y la santidad de Dios. El incrédulo se encuentra en una posición terrible y solemne, totalmente expuesto a la ira de Dios.

La disciplina es el método de Dios para corregir al creyente.

El propósito de Dios es conducir al creyente a fin de confrontarlo con aquellos hábitos, actitudes y creencias que le impiden crecer hasta llegar a la plena estatura de Cristo. Él quiere quitar estos hábitos o cambiarlos. La disciplina es una *herramienta* de entrenamiento que Dios usa en el proceso de madurarnos espiritualmente. Es el método divino de prepararnos para un ministerio sobrenatural de servicio bajo la dirección del Espíritu Santo.

El castigo proviene de la ira de Dios. El resultado final es la erradicación, la eliminación y el alejamiento total de Dios. Por ejemplo, Dios castigó a los seguidores de Coré por tratarlo con absoluto desprecio. La tierra se abrió y se los tragó junto con sus familias, como una señal para los israelitas (véase Números 16).

La disciplina proviene del amor de Dios. El resultado final es la transformación, el crecimiento y el desarrollo. Por ejemplo, Dios permitió que la lepra azotara a María para luego restaurarla como una lección que le enseñara que la crítica hacia Moisés era un error (véase Números 12).

Dios nos ama tanto que anhela que reflejemos su misma naturaleza y que seamos literalmente el cuerpo de Cristo en la tierra hoy. La disciplina es un medio de purificación; así como se quitan las impurezas y la escoria del metal, de la misma manera Dios nos despoja del pecado y de los errores que nos impiden llegar a ser maduros. Los profetas una y otra vez comparaban el propósito purificador del amor de Dios con aquel de la persona que purifica oro o plata (véanse Isaías 48:10; Malaquías 3:3; Zacarías 13:9).

DIOS NO DESEA QUEBRANTAR NUESTRO ESPÍRITU

El propósito de Dios no es quebrantar nuestro espíritu. La persona que tiene un espíritu quebrantado no está completa ni está creciendo hacia la madurez espiritual. Dios no puede confiar su ministerio sobrenatural a una persona cuyo espíritu está quebrantado.

No, el propósito de Dios no es quebrantar nuestro espíritu, sino más bien, quebrantar la obstinación de nuestra voluntad. Él lo hace para poder llevar a cabo su voluntad en nuestra vida. Su voluntad siempre es para nuestro bien, para nuestra bendición.

Todos los padres saben que los hijos nacen con una predisposición al "yo primero", con una obstinación egocéntrica. ¡Mío! y ¡No! son dos de las primeras palabras que los niños aprenden y usan libremente. Ambas están arraigadas directamente en el orgullo egocéntrico del niño y en su deseo de gobernar su propia vida.

Un buen padre sabe que esta veta de obstinación y orgullo debe quebrarse si se espera que el niño sea obediente, no sólo a sus padres, sino a toda autoridad, incluyendo la autoridad de Dios. El quebrantamiento de la obstinación del niño no se lleva a cabo con el propósito de quebrar su espíritu, sino más bien para ayudarle a crecer hasta llegar a ser un esposo, amigo, padre, ciudadano y miembro del cuerpo de Cristo que sepa acatar las leyes, que sea útil, productivo, generoso y amoroso.

Un niño a quien se le permite ser obstinado y orgulloso se convertirá en un adulto despreciable al que nadie desea tener cerca. Tiene mal carácter; algunas veces es un criminal patológico y posee muy poca capacidad de recibir o dar amor. Un niño al que se le permite ser obstinado y orgulloso se convierte en un adulto que posee muy poca capacidad para sentir alegría, esperanza o satisfacción.

En la misma forma en que un padre quebranta el orgullo obstinado y la desobediencia de un niño, Dios procura quebrantar el orgullo y la desobediencia que nos impiden ser la clase de personas amorosas, generosas, parecidas a Cristo que Él cree que podemos llegar a ser.

DIOS NO SE DELEITA EN PROVOCARNOS DOLOR

Así como el deseo de Dios no es quebrantar nuestro espíritu, tampoco su propósito es provocarnos dolor. ¿El dolor y el sufrimiento son el resultado final de lo que Dios desea para nosotros? ¡No! Dios puede permitir u ordenar circunstancias y situaciones que nos parecen dolorosas, pero estas circunstancias y situaciones son *herramientas* que Dios usa para llevarnos a una posición en la cual estemos dispuestos a rendir nuestra vida completamente a Él.

Por lo tanto, nuestra próxima pregunta debería ser: ¿El cristiano es alguna vez una víctima? Sí, algunas veces. Como cristianos, somos víctimas sólo cuando otras personas nos han lastimado físicamente o nos han herido emocionalmente. Pero debemos reconocer que Dios permite estas experiencias dolorosas en nuestra vida por alguna razón.

Cuando nos vemos como víctimas, vivimos en el pasado y nos revolcamos en nuestro dolor. Si nos vemos como seres a quienes Dios ama y a quienes está preparando para un futuro y un servicio especial que sólo Él conozca, entonces encontramos la fuerza para soportar el dolor del pasado y para seguir hacia adelante.

Dios es soberano. Él puede detener cualquier cosa que desee. Sin embargo, no anula la voluntad humana. Si las personas que se encuentran cercanas a nosotros se abren al mal, es probable que suframos como consecuencia de su maldad. Por ejemplo, si un hombre se vuelve alcohólico, probablemente su esposa y sus hijos sufran su ira o su descuido. Dios lo sabe. Sin embargo, Él nos ama y posee la habilidad de redimir estas situaciones para nuestro bien.

Siendo niño, yo sufrí muchas cosas que podría considerar como injusticias o abusos. Mi padre murió cuando yo tenía sólo nueve meses, y pasé la mayor parte de mi infancia a solas mientras mi madre trabajaba. Años más tarde, siendo aún un niño, mi madre se casó con un hombre cuyo comportamiento era abusivo hacia mí y hacia ella, no sólo emocional sino físicamente. Aun así, ni siquiera una vez me he sentido una víctima. En cambio, elegí creer que soy un hijo amado de Dios. Dios está persiguiendo algo en mi vida que finalmente es para mi bien. Él tiene un propósito al permitir que nos sucedan cosas malas, y su propósito se extiende no sólo a mi vida, sino a la vida de otros a quienes pueda ayudar o animar.

Si creemos que Romanos 8:28 es verdad, debemos creer que es verdad en todas las circunstancias de nuestra vida:

Y sabemos que a los que aman a Dios, todas las cosas les ayudan a bien, esto es, a los que conforme a su propósito son llamados.

Nunca debemos limitar la habilidad de Dios para transformar aun la peor experiencia de nuestra vida tornándola en algo productivo, beneficioso y positivo. Cuando miro hacia atrás a mi niñez, puedo ver de qué manera Dios usó mis experiencias con la soledad, el dolor y la inseguridad para ayudarme a ministrar con eficacia a las personas que hoy se encuentran solas, heridas e inseguras. Tengo un fuerte mensaje para ellos: Si Dios pudo sacarme adelante con éxito, entonces Él puede hacer lo mismo con ellos. Si Dios pudo sanar mis heridas y reconstruirme, entonces puede sanar sus heridas y reconstruir a ellos. Las experiencias vividas en mi niñez temprana me hicieron más firme en algunos aspectos para enfrentar las luchas de la vida, y en otros aspectos me hicieron más tierno para sentir más compasión hacia las personas que están luchando. Aunque en su momento fue doloroso, y aunque los recuerdos de aquellas experiencias puedan ser dolorosos, también estoy en condiciones de contar mis primeras experiencias como una bendición. Fueron lecciones difíciles que resultaron en bien para mí y para otros.

Hace poco un joven escribió al *Ministerio En Contacto* luego de haber sido liberado de la prisión. Lo habían condenado debido a un delito relacionado con la droga que cometió cuando era un adolescente. Este hombre no sólo experimentó una renovación espiritual mientras estaba en la prisión, sino que ahora utiliza su experiencia pasada para hablarles a los adolescentes acerca de los peligros de ceder a la presión de sus pares, especialmente cuando esta presión está relacionada con el uso de drogas. Él no culpa a sus padres, a sus vecinos o a sus condiciones de pobreza por su comportamiento en el pasado. En cambio, acepta la responsabilidad personal por sus acciones y está buscando la manera de ayudar a otros. Él escribió lo siguiente:

> Puedo ver cómo Dios tenía un plan durante todo ese tiempo. Él no me abandonó cuando me metí en las drogas y el crimen. Dios permitió que me arrestaran y encarcelaran. Si no lo hubiera hecho, probablemente hubiera muerto en las calles hace mucho tiempo. Él mantuvo su mano sobre mí durante todo el tiempo en prisión. Guió a alguien hacia mí que me pudo llevar a Cristo. Me guió a una iglesia cuando salí de la prisión, y luego me dio la oportunidad de contar a otros acerca de Cristo y enseñarles a hacer frente a las presiones que sienten los adolescentes.

Sea cual sea la fuente de nuestro dolor, debemos reconocer que Dios sabe, nos ama y está actuando. Puede ser que nosotros no seamos responsables de lo que nos sucede, pero sí somos responsables de nuestra respuesta hacia eso. Debemos hacernos la siguiente pregunta: *¿De qué manera puedo caminar a través de este dolor? ¿Cómo puedo beneficiarme o sacar provecho espiritual de esta situación?*

Una vez un hombre vino a mí y me dijo: "He estado saliendo con una mujer y está empezando a gustarme mucho. Justamente esta semana pasada me dijo que había sido violada anteriormente y que yo tenía que en-

terarme de muchas cosas acerca de ella antes de profundizar la relación."

Le dije que antes de profundizar esa relación debía
ayudarla a buscar consejo cristiano para que pudiera
aprender a manejar la situación de su pasado. "De otra
manera — le dije —, te encontrarás en un cuadro que
no sabrás manejar."

Él siguió mi consejo. Esta mujer atravesó un tiempo
muy difícil en su intento de liberarse de su identidad de
víctima. Hasta cierto punto, ella había aceptado la idea
de ser una víctima, e incluso había comenzado a disfrutar de la compasión que obtenía de otras personas a
causa de lo que le había sucedido. Como resultado, vivía en el pasado. Ese pasado ensombrecía tanto su presente como su futuro. La experiencia de haber sido
violada en una cita comenzó a definir su identidad.

Si cualquier experiencia en el pasado suyo está defi-
niendo su presente — otra experiencia que no sea su
salvación — entonces tiene que trabajar seriamente
con eso. Es muy posible que todavía siga viéndose como
una víctima, en lugar de verse como una persona redi-
mida y sanada por el amor de Dios. En tanto nos veamos como víctimas, no podremos abrazar la plenitud
que Dios tiene para nosotros.

Finalmente, esta mujer pudo decir: "Tengo que seguir hacia adelante en mi vida. Tengo que encontrar la
manera de sobreponerme a esta experiencia con la ayuda de Dios para poder llegar nuevamente a ser una persona completa."

¿USTED REALMENTE SABE LO QUE ESTÁ SUCEDIENDO?

Tal vez, en lugar de preguntarnos: *¿Sabe Dios lo que me sucede?* o *¿Se preocupa por el dolor que siento?*, sería mucho más productivo y revelador preguntarnos:

* ¿Entiendo yo lo que me sucede?
* ¿Me interesa saber lo que Dios desea hacer en mi vida?

Dios sabe lo que está por hacer en su vida, pero ¿sabe usted lo que Él está por hacer? ¿Es consciente de lo que Dios está haciendo?

Algunas veces, esa consciencia llega más tarde, cuando tenemos una perspectiva un poco más clara acerca del pasado. Cuando miro hacia atrás, puedo ver con claridad de qué manera Dios me ha transformado. He sido quebrantado, destrozado, me han golpeado, molido, podado y cincelado, y no me gustó la sensación del quebrantamiento más que a cualquier otra persona. Pero puedo afirmar lo siguiente: Doy gracias a Dios por lo que él ha hecho. Cada golpe del cincel, cada golpe del martillo, cada corte del cuchillo, cada incisión en lo más profundo de mi ser, cada lágrima, cada dolor, cada sufrimiento, cada desilusión, cada desengaño, cada momento de desesperación ha valido la pena simplemente por el hecho de saber en mi corazón que Dios tenía en sus manos todo mi ser.

Pídale a Dios que le revele lo que Él está haciendo en su vida — y lo que desea hacer por usted, en usted y a través de usted — como resultado de su quebrantamiento.

Sitúe su quebrantamiento dentro de la perspectiva de la obra mayor de Dios en su vida.

Si yo le preguntara: "¿Qué es aquello a lo que se está aferrando que no estaría dispuesto a soltar aun cuando esto significara perder lo mejor que Dios tiene preparado para usted para toda la eternidad?", ¿podría darme una respuesta? No hay nada en este mundo temporal que valga la pena retener, o a lo cual valga la pena aferrarse a cambio de lo mejor que Dios tiene preparado para toda la eternidad. ¡No hay nada que tenga el valor del gran diseño de Dios para su vida!

TRES

¿POR QUÉ SOMOS QUEBRANTADOS?

Una vez un joven me dijo: "Hace dos años que soy cristiano, pastor, y ¡no puedo decirle cuán diferente es mi vida ahora! La semana pasada fui a una reunión de oración el viernes por la noche y pensé para mis adentros: *Hombre, si alguien me hubiera dicho hace dos años que yo iba a ir a una reunión de oración un viernes por la noche y que iba a estar alabando a Dios y cantando canciones acerca de Dios y que iba a disfrutar de cada minuto, le hubiera dicho, ¡Estás loco!*"

Luego, en un tono de voz muy serio y pensativo, añadió: "Sin embargo, algunas veces me pregunto por qué tuve que atravesar experiencias tan horribles antes de venir al Señor. Yo era alcohólico. Utilizaba a las personas y amaba las cosas, en lugar de amar a las personas y utilizar las cosas. Me metí en problemas con la ley y estuve muy cerca de matar a un par de personas porque tuve un accidente mientras conducía bajo la influencia del alcohol. Hubiera querido que Dios me salvara mucho antes."

Entonces le dije: "Tal vez había algo en ti que debía morir antes de que pudieras vivir cabalmente."

El joven pensó por un momento en lo que le había dicho. "Sí, usted tiene razón. Yo no estaba listo para dejar lo que yo llamaba la buena vida hasta hace unos dos años y medio. Hasta ese momento pensaba que tenía una gran vida. Recién ahora me doy cuenta de lo terrible que era la vida que estaba llevando."

Antes de que cualquiera de nosotros pueda vivir completamente de la manera que Dios quiere, debe morir al deseo de controlar su propia vida o de vivir de acuerdo con sus propios planes y voluntad.

ALGO TIENE QUE MORIR PARA QUE COMIENCE LA VIDA

Un pasaje importante en las Escrituras acerca del quebrantamiento se encuentra en Juan 12:24,25. Al preparar a sus discípulos para su crucifixión y resurrección, Jesús les dijo:

> De cierto, de cierto os digo, que si el grano de trigo no cae en la tierra y muere, queda solo; pero si muere, lleva mucho fruto.
>
> Juan 12:24

Mientras tenga un grano en su mano, tendrá solamente ese grano. Puede ponerlo sobre el piso del granero, sobre el marco de una ventana, o hasta debajo de una cúpula de vidrio y puede guardarlo por siempre. Sin embargo, seguirá siendo un solo grano. De su interior no saldrá nada. Con el tiempo se pudrirá y se convertirá en polvo.

Pero cuando uno toma esa semilla y la introduce en el suelo y la cubre con tierra fértil, el calor del sol y la humedad de la tierra obrarán conjuntamente sobre la cáscara exterior de ella. Antes de que pase mucho tiempo, la cáscara exterior se rompe y un pequeño brotecito verde comienza a abrirse paso a través de la tierra hasta que con el tiempo traspasa la superficie y sale a la luz del sol. Una raíz comienza a crecer hacia abajo, anclando la semilla a la tierra. La semilla en sí desaparece mientras el tallo crece y con el tiempo produce una espiga de trigo o una mazorca de maíz. Esa espiga de trigo o mazorca de maíz produce docenas de granos, cada uno de los cuales posee la capacidad de crecer convirtiéndose a su vez en una planta.

De un solo grano de trigo, una persona podría llegar a plantar cientos de miles de hectáreas. Lo único que tendría que hacer es volver a plantar todos los frutos de un grano, y luego todos los frutos de sus granos, y seguir así sucesivamente.

Jesús estaba enseñando que en tanto que el grano permaneciera solo (sin que nadie lo plantara y sin que se rompiera) no podría llevar fruto. Por supuesto, estaba describiendo lo que le estaba por suceder. En tanto que Jesús permanecía vivo, unas pocas personas podrían ser sanadas, unas pocas se beneficiarían con sus milagros, unas pocas se volverían a Dios a través de sus enseñanzas y de su predicación, pero en última instancia, el mundo seguiría sin recibir el perdón.

Para que su vida se pudiera extender y multiplicar, Jesús tenía que morir. Una vez que hubiera muerto y resucitado, su vida podría multiplicarse millones de veces, tal como ha sucedido a través de los siglos. Quienes lo hemos aceptado como nuestro Salvador y quienes hemos sido perdonados de nuestro pecado tenemos nuestro nombre escrito en el Libro de la vida del Cordero porque Él estuvo dispuesto a morir.

A su tiempo, Él nos llama a cada uno de nosotros a tomar nuestra cruz — muriendo con sacrificio a nosotros mismos y entregándonos a su causa — para que podamos vivir para Él y de acuerdo con sus propósitos.

Jesús prosiguió diciendo:

> El que ama su vida, la perderá; y el que aborrece su vida en este mundo, para vida eterna la guardará.
>
> Juan 12:25

Debemos estar dispuestos a morir a nuestros afectos, a nuestros sueños, deseos, ambiciones y objetivos, y luego debemos estar totalmente dispuestos a que el Señor Jesucristo obre como quiere en nuestra vida. Sólo entonces podremos conocer verdaderamente la vida al máximo y podremos realizar plenamente nuestro propósito en la vida. ¡Debemos morir a nosotros mismos para obtener más de nosotros mismos y vivir eternamente!

Debemos quebrar nuestro intenso amor hacia nosotros mismos si es que alguna vez vamos a permitir que el amor de Dios nos envuelva y nos llene.

Hay muchos otros pasajes de las Escrituras que hacen eco de esta misma enseñanza: Al aferrarnos a nuestro propio deseo y a nuestra propia voluntad, perdemos. Al soltarlos y al permitir que Dios tenga el control, ganamos. (Véanse Mateo 10:39 y 16:24–26.)

Tal vez se esté preguntando:" ¿Pero, por qué Dios requiere que algo tenga que morir para poder vivir?"

La explicación de las razones que Dios tiene pertenece sólo a su conocimiento, pero podemos ver que este principio se cumple en toda su creación.

Tenemos el jugo de las uvas únicamente porque alguien las exprimió. Tenemos el pan únicamente porque alguien molió los granos para transformarlos en harina. Tenemos vidas plenamente productivas y útiles únicamente porque Dios ha molido nuestra voluntad.

DIOS DESEA DISEÑAR NUESTRO FUTURO

A través de los años, he descubierto que aquellos que son más jóvenes suelen tener más dificultad en someter su vida totalmente al Señor. Ven cómo el futuro se extiende ante sus ojos, lleno de lo que ellos perciben como oportunidades ilimitadas. Satanás los engaña haciéndolos pensar que el futuro no puede ser bueno sin determinada relación, o sin la realización de aquel deseo sexual, o sin perseguir ese logro vocacional, o sin la adquisición de cierto artículo. Comienzan a perseguir lo que Satanás presenta como el ideal de vida. Por supuesto, sus planes nunca incluyen a Dios.

El resultado de perseguir lo que Satanás presenta como deseable es un espíritu de *afán*. Afanarse es una tarea dura (depende exclusivamente de lo que una persona es capaz de hacer individualmente, o de lo que es capaz de convencer a otros para que hagan). El afán entraña un elemento de codicia: siempre hay algo más que alcanzar, que ganar o que adquirir. Lo medular del afán es el egoísmo: un fuerte deseo centrado en uno mismo. Cuando una persona se afana por algo, se preocupa muy poco por el daño que pueda ocasionar a los demás, y ni siquiera por el daño que pueda ocasionar a

su propio cuerpo o a su propia alma. El afán es ambición pura, y en última instancia es una atadura.

Las ilusiones que Satanás nos presenta como obje-
tos que pueden darle valor, significado o peso a nuestra
vida son sólo eso: ilusiones. Son como un espejismo en
el desierto. Uno puede luchar, rasguñar y dar manota-
zos al aire arrastrándose hacia el espejismo con toda su
energía, año tras año, sin llegar jamás. Aquello que tiene apariencia de ser una fuente de vida en realidad es
polvo seco.

¿Está mal que a uno le gusten las cosas de calidad, o
está mal comprar lo mejor que uno pueda dentro de sus
posibilidades? ¿Está mal desear tener una esposa o esposo e hijos? ¿Está mal desear tener éxito en el trabajo?

¡No! Lo que está mal es pensar que no podemos vivir sin esas cosas. Lo que está mal es sustituir una relación con Dios por la adquisición de cosas, de relaciones
o de logros. Cuando fijamos nuestra vista en el logro de
nuestros objetivos, casi siempre perdemos de vista los
objetivos de Dios para nosotros. Solamente cuando hacemos que nuestra relación con Dios sea la prioridad
número uno de la vida, Dios puede llevarnos al lugar en
el cual lograremos y recibiremos lo que nos trae satisfacción verdadera.

Una vez tuve que aconsejar a un joven que se encontraba muy acongojado por haber roto relaciones con su
novia. Se había enamorado profundamente de esta joven y se preparaba para pasar el resto de su vida con
ella. Cuando ella le dejó plantado por otro muchacho, él
se sintió seriamente herido.

Mientras conversábamos, admitió que había comenzado a planear toda su vida alrededor de lo que su

novia deseaba: se había mudado de casa para estar más cerca de ella, había tomado un empleo porque ella pensaba que era adecuado para él, comenzó a asistir a la iglesia de ella y se vestía de la manera que ella deseaba. Además de todo esto, sentía una gran presión de parte de ella para llegar a tener éxito financiero.

Le pregunté si Dios le había dicho que se mudara de casa o que aceptara ese trabajo. Me confesó que ni siquiera le había consultado a Dios acerca de estos cambios que había hecho en su vida. Lo animé para que comenzara a partir de ese punto en su proceso de recuperación de un corazón destrozado: "Pregunta a Dios lo que él desea para tu vida."

No volví a ver a ese joven durante varios años. En el momento en que volvimos a encontrarnos se había casado con una encantadora joven y tenían un bebé de seis meses. Entonces me dijo: "Las cosas cambiaron realmente, pastor Stanley, cuando comencé a hacer las cosas como Dios quería. Volví a trasladarme a mi ciudad natal y tomé un trabajo para el cual el Señor me abrió las puertas. Conocí a mi esposa en la iglesia donde había crecido. Ella y su familia se habían mudado a la ciudad mientras yo me encontraba en la universidad. El Señor realmente unió nuestras vidas de una manera que nos dejó ver cabalmente que era el plan de Dios. Tenemos los mismos objetivos en la vida."

Todas las cosas que Satanás nos presenta no sólo como deseables sino también como necesarias para nuestra identidad son engaños. Su intención no es ver a una persona bendecida, sino más bien provocar su perdición. Si existe en nuestra vida cualquier cosa que nos haga pensar que no podemos vivir sin ella, esto debería ser una señal de advertencia para que volvamos a evaluar nuestra relación con Dios y para que echemos otra mirada a nuestras prioridades.

Jesús nos enseñó claramente:

> No os afanéis, pues, diciendo: ¿Qué comeremos, o qué beberemos, o qué vestiremos? Porque los gentiles buscan todas estas cosas; pero vuestro Padre celestial sabe que tenéis necesidad de todas estas cosas. Mas buscad primeramente el reino de Dios y su justicia, y todas estas cosas os serán añadidas.
>
> Mateo 6:31–33

Dios sabe lo que usted necesita. Él sabe lo que es mejor para usted, y la cantidad que necesita. Lo cierto es que podemos vivir con muy poco, pero de ninguna manera podemos vivir plenamente sin Dios. Él es lo que necesitamos primordialmente y siempre. ¡Él es el único ser sin el cual realmente no podemos vivir!

Las cosas que Satanás nos presenta como cosas que obligatoriamente debemos tener, son cosas pasajeras y temporales. Si estamos dispuestos a dejar de afanarnos por estas cosas y buscarlas sin importar su costo elevado, y en cambio decidimos volver a Dios, Él va a satisfacer todos nuestros deseos para el futuro. Si estamos dispuestos a dejar de definir nuestro propio futuro, Él nos dará algo mejor que lo que nosotros jamás podríamos haber arreglado, manipulado o creado. Su mejor voluntad será la nuestra, aunque sólo será así si estamos dispuestos a morir a ese rasgo egoísta e independiente para someter nuestra vida completamente a Él.

DIOS DESEA DETERMINAR NUESTRAS METAS

Una joven vino a hacerme la siguiente pregunta luego de escucharme predicar acerca de esto: "Pastor, ¿está mal establecerse metas? Me parece que usted está diciendo que simplemente debemos vivir día por día, confiando en Dios, sin tener ninguna clase de planes o metas."

No está mal que nos establezcamos metas; lo que está mal es fijarlas sin preguntarle a Dios cuáles son sus metas para nosotros. Siempre debemos enfocar nuestra meta con sincera oración, preguntando: "¿Qué es lo que deseas, oh Dios, que yo haga, que diga y que sea?"

Nuestra oración debe ser la misma que hizo Jesús en el jardín de Getsemaní: "No sea como yo quiero, sino como tú" (Mateo 26:39).

SOMOS HECHURA DE CRISTO

¿Quién es el responsable por sus logros y sus éxitos en la vida?

¿Considera que usted es el responsable por aquella persona en la que se convertirá y por aquellas cosas en las que tendrá éxito? ¿O está descansando en Dios para que Él viva su vida a través de usted, y para transformarlo de tal manera que Él pueda usarlo para sus propósitos?

Estas son dos perspectivas muy diferentes. Difícilmente nos vamos a rendir pronta y fácilmente al quebrantamiento si creemos que tenemos nuestro propio destino en nuestras manos.

La persona sabia enfrenta la realidad de que Dios merece y también exige el derecho y el control de todo lo que somos. Él tiene la autoridad de expresar su vida a través de nosotros, a través de nuestros labios, nuestros ojos, manos, pies, cuerpos, pensamientos y emociones, de la manera que Él elija. Nosotros no debemos ser meros reflejos de lo que Cristo fue, sino que tenemos que ser expresiones vivientes y caminantes de la vida de Cristo en el mundo actual.

La Biblia nos dice que una vez que reconocemos a Jesucristo como Salvador, ya no nos pertenecemos a nosotros mismos y no gobernamos ni determinamos nuestro futuro. Pablo escribió:

> Porque por gracia sois salvos por medio de la fe; y esto no de vosotros, pues es don de Dios; no por obras, para que nadie se gloríe. Porque somos hechura suya, creados en Cristo Jesús para buenas obras, las cuales Dios preparó de antemano para que anduviésemos en ellas.
>
> Efesios 2:8–10

Como usted no ganó su propia salvación, tampoco es responsable de alcanzar su propia gloria en la vida. Usted es hechura divina, desde el comienzo hasta el final. Dios lo guía y lo dirige hacia las buenas obras que usted debe hacer para Él, obras que están totalmente en armonía con los talentos, las habilidades, las experiencias y las destrezas que Él le ha dado.

Cuando miro hacia atrás, quedo asombrado al ver cómo Dios me llevó de un lugar a otro, de una experiencia a otra, siempre colocándome en la posición para dar el próximo paso en la vida, poniéndome siempre en lugares y situaciones en los que pudiera purificarme o donde pudiera desarrollar algo dentro de mí que sería útil a sus propósitos más tarde.

Siendo adolescente vendía periódicos para ganar dinero para comprar ropa y otras cosas que necesitaba. Una noche estaba conversando con un amigo llamado Julián mientras estábamos parados en la esquina de una calle donde me encontraba vendiendo periódicos. Le dije que creía que el Señor me estaba llamando a predicar. "Sabes — le dije —, debería ir a la universidad, pero no tengo el dinero para hacerlo." Yo no conocía muy bien a este muchacho. Simplemente estábamos hablando acerca de nuestra vida de una manera más bien casual. En aquel preciso momento de la conversación, el pastor de mi iglesia se acercó caminando hacia nosotros. Julián le dijo: "Sr. Hammock, Charles cree que el Señor lo ha llamado para predicar. ¿Cree usted que podría ayudarle para ir a la universidad?"

El pastor Hammock respondió: "Bueno, podría ser. ¿Por qué no vienes a verme uno de estos días?"

Fui a su oficina un día, y ésta resultó ser una de las tardes más importantes de mi vida. El pastor Hammock hizo los arreglos para que recibiera una beca completa de cuatro años para la Universidad de Richmond a unos setenta kilómetros de mi ciudad.

¿Fue un accidente que yo estuviera hablando con Julián aquella noche, o que el pastor Hammock pasara por allí, o que Julián le dijera lo que le dijo? No. Dios estaba obrando de maneras que yo no podía entender.

Dios no sólo es quien nos provee la orquestación, sino que también es nuestro compositor.

El Señor Cristo Jesús es el autor y consumador de nuestra vida (véase Hebreos 12:2).

Mientras sigamos insistiendo en escribir nuestra propia historia, Él no podrá escribir su voluntad viva en nuestro corazón.

Mientras sigamos insistiendo en abrir nuestro propio camino, Él no podrá guiarnos por sus sendas de justicia.

Mientras sigamos insistiendo en vivir nuestra vida de acuerdo con los deseos propios, Él no podrá impartirnos sus deseos ni podrá guiarnos hacia su integridad, su fecundidad y sus bendiciones.

Mientras sigamos sintiendo que tenemos el control de nuestro destino, no podremos experimentar cabalmente el destino que Él tiene para nosotros.

Somos hechura suya. Cuando actuamos de otra manera, estamos abriendo una brecha en nuestra relación de confianza con Dios y estamos negándonos a someter nuestra vida completamente a Él.

CUATRO

LOS OBSTÁCULOS PARA EL QUEBRANTAMIENTO

xisten algunos obstáculos que nos impiden darnos cuenta de que el quebrantamiento es parte del plan de Dios. Uno de los más importantes es pensar que la vida cristiana es algo que *hacemos*. Si usted le pide a alguien que describa a un cristiano, es muy probable que le diga algo más o menos así: "Un cristiano es alguien que va a la iglesia, canta himnos, hace oraciones, da dinero, lee la Biblia y comunica su fe a otras personas." Unas cuantas personas añadirán o enfatizarán ciertas actividades o comportamientos. Otros dirán: "Él es cristiano porque no fuma, no bebe ni usa lenguaje indecente." Otros dirán: "Ella es cristiana porque no anda con uno y otro, acostándose con muchachos."

Pero la vida cristiana no se define por lo que hacemos.

Más bien, está definida por lo que Cristo Jesús hizo en la cruz y por lo que nosotros somos como resultado de reconocerlo como nuestro Salvador. La vida cristiana está definida finalmente por el proceso de transformación de nuestra vida, bajo el tutelaje del Espíritu Santo y mediante el poder que Él nos da.

Ahora bien, con toda seguridad, en la medida en que uno se parezca más y más a Cristo, su comportamiento exterior cambiará. Ciertas formas de conducta sencillamente son incompatibles con la presencia de Cristo Jesús que vive su vida en uno. La abundancia de la vida de Cristo a través de la de usted se manifestará en el servicio y en acciones de alabanza y de gratitud a Dios. Un verdadero creyente no tiene necesidad de preguntar: "¿Cómo tengo que actuar ahora para que los demás se den cuenta de que soy cristiano?" Simplemente responde al amor de Dios que mora dentro de él y luego se comporta, habla y responde a la vida como Cristo se comportaría, hablaría y respondería.

EL OBSTÁCULO DE LA AUTOSUFICIENCIA

Una de las vallas mentales más grandes que se pueden tener con respecto al quebrantamiento es la de ajustar nuestra opinión acerca de lo que significa ser cristiano y lo que es vivir para que Cristo sea honrado. Ser cristiano no es una cuestión de hacer; es una cuestión de tener una relación vital con Cristo Jesús. El hacer es una cuestión del obrar de Dios. Él es el responsable de transformarnos a su misma imagen. Él es nuestro autor y corrector; es quien está ajustando nuestra vida de tal forma que nos conformemos completamente al plan que Dios tiene para nosotros.

Uno no puede cambiar su naturaleza pecaminosa. No puede mirarse en el espejo una mañana diciendo: *Ahora me voy a limpiar de todos mis pecados y voy a rehacer mi vida completamente.* Sencillamente, esto no es posible. Muchas personas tratan de cambiarse a sí mismas espiritualmente, pero inevitablemente llegan a la misma conclusión: "No puedo hacerlo por mí mismo." Sólo Jesucristo puede limpiar y cambiar el corazón humano. Sólo el Espíritu Santo que Cristo envió a morar en nosotros, puede guiar las decisiones que tomamos, suavizar nuestro corazón y ser quien active en nuestra conciencia el mecanismo mediante el cual podamos comenzar a hacer elecciones y a dar respuestas que sean parecidas a las de Cristo.

Nunca debemos olvidar que somos barro. ¡Él es el alfarero!

EL OBSTÁCULO DE LOS TALENTOS Y LOS DONES

Otro de los obstáculos principales que impiden que recibamos la bendición que viene del quebrantamiento son nuestros talentos y dones. Esto puede parecer una verdad contradictoria, pero nuestros dones y talentos pueden impedirnos que los usemos en su plenitud, o aun pueden impedir que recibamos más talentos y dones.

Muchas veces, las personas más talentosas son los que tienen más dificultad en el proceso divino del quebrantamiento. Las personas dotadas generalmente son las más decidas a triunfar en la vida, y son los que tienen más confianza en sí mismos. En lo que concierne al mundo, estas personas son las que tienen mayores posibilidades de tener éxito.

El problema con los dones y los talentos no reside en *tenerlos*, sino en descansar y apoyarse en ellos.

Cuando confiamos en los dones naturales que Dios nos ha dado, pensando que con ellos nos abriremos paso en la vida, nos perdemos las muchas maneras en las que Dios podría enriquecer estos dones con su presencia, multiplicándolos mucho más de lo que hubiéramos podido hacer con ellos.

Quienes se sienten satisfechos con lo que tienen rara vez miran a Dios para que les suministre lo que verdaderamente necesitan.

No ven lo que se están perdiendo.

No ven de qué manera Dios podría usarlos.

No ven en su plenitud el diseño que Dios tiene para ellos.

Ni siquiera se dan cuenta de que se están perdiendo muchas bendiciones.

En mis experiencias pastorales a través de los años he descubierto que los que se aferran fuertemente a las riendas de su propia vida, a menudo son los que más talentos o más posesiones tienen. Creen que tienen mucho que perder, y por lo tanto hacen cualquier cosa que sea necesaria para asegurar lo que tienen, aun llegando al punto de acapararlo o de guardarlo bajo llave para que los demás no puedan verlo ni usarlo.

Lo que estas personas altamente dotadas no comprenden es que uno nunca puede perder cuando se rinde totalmente a Dios. Nunca se puede perder al renunciar a uno mismo. El misterio de la gran habilidad de Dios para utilizar nuestra vida yace en este principio:

Dad, y se os dará; medida buena, apretada, remecida y rebosando darán en vuestro regazo; porque con la misma medida con que medís, os volverán a medir.

Lucas 6:38

Este versículo no se refiere meramente a bienes materiales o a las finanzas, sino a todos los aspectos de la vida. Lo que le damos a Dios, Él nos lo devuelve en mayor abundancia; somos multiplicados y encontramos renovación, gozo, paz y satisfacción. Sencillamente no podemos superar a Dios en sus dádivas. Ni tampoco podemos hacer más con nuestra vida de lo que Dios puede hacer. Él nos hizo, y por lo tanto, sabe exactamente cómo hacer que llevemos fruto al máximo; sabe cómo usarnos y cómo satisfacernos. Él conoce todo lo que somos capaces de ser y de hacer y conoce de qué manera explotar nuestro potencial.

Cuando miramos diversas carreras, empleos u oportunidades que se cruzan en nuestro camino solemos decir: "No sé qué hacer. No sé cuál elección es la correcta. No sé qué rumbo tomar."

Dios lo sabe. Él no sólo sabe lo que somos capaces de hacer, sino cómo sacar a la luz talentos, habilidades y dones que al momento nosotros no sabemos que tenemos.

Cuando las personas altamente dotadas son quebrantadas, generalmente tratan de arreglar la situación en la cual se encuentran usando sus propias fuerzas y habilidades. El camino más sabio es volvernos a Dios y admitir: "Tú sabes algo acerca de esto que yo no sé. Me rindo a ti. Haz conmigo y con mis talentos lo que tú desees hacer."

EL OBSTÁCULO DE PONER NUESTRA CONFIANZA EN EL LUGAR EQUIVOCADO

Al transformar nuestra vida, Dios pretende llevar cada área a la sumisión a su voluntad. En el camino para lograr este propósito, Dios quita de nosotros todos los obstáculos que nos impiden rendirnos totalmente a su voluntad y que nos impiden confiar completamente en Él.

El propósito de Dios es que confiemos en Él completamente. Mientras pongamos nuestra confianza en cualquier cosa que se encuentre dentro de nosotros, no estaremos confiando en Él absolutamente. Aquella cosa en la que confiamos en lugar de Dios — consciente o inconscientemente — se convierte en un obstáculo, en una piedra de tropiezo, una barrera, un estorbo que nos impide confiar en Dios. Para utilizar la figura bíblica del alfarero y del barro, este algo en que confiamos se convierte en una piedra, una burbuja, una imperfección, un pedazo seco de arcilla que no es totalmente flexible.

¿Cuáles son algunas de estas cosas en las que confiamos?

En nosotros mismos

Sobre todo, confiamos en nosotros mismos. Nacemos con una independencia orgullosa. Muchas personas han puesto un gran cartel en la pared de su alma: *Dios, manténgase alejado*. Otros le dirán al Señor: "Dios, puedes tener este porcentaje de mi vida — incluso le dan hasta el noventa y cinco por ciento — pero esta otra área me la reservo para mí." Deseamos ir adonde se nos da el capricho, comprar lo que nosotros queremos comprar, hacer lo que queremos hacer, tener la clase de amigos que a nosotros nos gustan, y vivir en el lugar y en la forma que se nos antoja.

Sin embargo, Dios nos dice que si deseamos tener la plenitud de su poder, de su sabiduría y de su amor, debemos confiar en Él completamente y no debemos reservar ninguna parte de nuestro ser para nosotros mismos.

En la riqueza

También confiamos en el dinero o en los logros materiales. Una vez conocí a un hombre que era muy rico. Me dijo de manera jocosa: "Si tengo menos de treinta mil dólares en mi cuenta bancaria, me siento pobre."

Este hombre había puesto su confianza en el dinero. Comenzó a poner más y más énfasis en su negocio y menos en su familia y en sus relaciones en la iglesia. Sin embargo, cuanto más se dedicaba a sus negocios, tanto más pobres resultaban sus decisiones. Varias inversiones mal hechas lo destruyeron financieramente. Después de años de sentirse abandonada, su esposa lo dejó. Este hombre terminó viviendo solo en un pequeño y sombrío departamentito de una habitación. Intentó todo lo que conocía para revertir su suerte financiera, pero Dios no le permitió levantar cabeza hasta que finalmente llegó al punto en el que pudo decir: "Dios, soy tuyo. Confío en ti. Toda mi vida he estado confiando en el dinero. Ahora voy a confiar en ti."

Como consecuencia de su quebrantamiento, Dios lo restauró al punto en que le devolvió la habilidad para ganar lo suficiente para satisfacer sus necesidades. Pero el milagro más grande en la vida de este hombre es que él ya no se preocupa por ser fabulosamente rico. Su identidad ya no está ligada al dinero.

Imagen o apariencia

Algunas personas confían en su belleza o en la apariencia de éxito que tienen. Se fían en su imagen pensando que ésta las hará salir adelante en la vida.

Una vez conocí a una mujer que vivió toda su vida dedicada a ser hermosa. Aun cuando llegó a ser una mujer mayor era hermosa y siempre estaba muy elegante. Para ella, dar una buena impresión siempre era muy importante.

Al llegar a los setenta, contrajo una enfermedad degenerativa. Mientras la enfermedad seguía su curso, esta mujer llegó al momento en su vida en el cual la belleza exterior ya no le importaba más. Lo que sucedió, en cambio, fue que comenzó a crecer una belleza interior que ni siquiera sus familiares o amigos más cercanos habían visto anteriormente. Mientras que la parte exterior de su cuerpo se deterioraba, el espíritu dentro de ella comenzó a brillar en una forma maravillosa. Se transformó en una inspiración para cada una de las personas que la visitaban porque ella podía comunicar con libertad la gracia de Dios que obraba en su vida.

Esta mujer murió en paz, con un gran gozo en su corazón. Poco tiempo antes de morir dijo: "Me siento lista para graduarme y para dejar este hogar." ¡Qué afirmación de fe tan maravillosa y qué reconocimiento de que el proceso de quebrantamiento de Dios en ella había sido para su bien eterno!

Logros y reputación

Algunas personas confían en sus propios logros, en su actuación en el pasado. Se fían de su reputación para que ésta los guíe a través de la vida.

Hace unos cuantos años, conocí a un hombre que era extremadamente arrogante y orgulloso. Tenía una gran veta oscura de maldad. Una vez lo oí hablar, y Dios habló a mi espíritu diciendo: "Ora por él." Esto era lo último que yo hubiera pensado hacer, pues el hombre no me agradaba.

Algún tiempo después, me encontré por casualidad con él y me invitó a comer. Yo no estaba muy interesado en ir pero accedí. Mientras conversábamos descubrí que tenía un espíritu dulce y amable. No era en absoluto el hombre que yo había conocido.

Entonces me contó su historia. La compañía que él mismo había fundado lo obligó a hacerse a un lado. Aquí fue cuando tocó fondo, pero en el proceso se volvió a Dios. Se sometió al proceso de quebrantamiento y le rindió su vida a Dios. Todavía estaba sin trabajo cuando yo lo encontré, pero todo lo concerniente a la personalidad de este hombre había cambiado. Algún tiempo después supe que había fundado otra compañía con dos socios y esta vez la estaba manejando de acuerdo con los principios divinos de amor y de respeto por sus empleados y compañeros.

Cada vez que intentamos dormir sobre nuestros propios laureles, corremos el peligro de ser quebrantados. Estamos confiando en nuestra actuación en el pasado en lugar de confiar en la providencia de Dios para el presente y el futuro.

EL OBSTÁCULO DE DESEAR MANTENER EL CONTROL

¿Qué área de su vida está reteniendo sin cedérsela a Dios hoy? ¿Cuál es el área sobre la cual ha decidido retener el control? ¿Qué parte de su vida preferiría que Dios ignorara? ¿Cuáles son las áreas de su vida en las cuales preferiría que Él no se inmiscuyera?

Algunas personas que conozco hablan con Dios acerca de estas áreas y aun admiten que rehusan rendir el control de las mismas a Dios. Intentan justificar su comportamiento diciendo: "Nadie es perfecto"; o le dicen a Dios que, como llevan mucho tiempo tratando con este aspecto de su vida, están por llegar a la conclusión: "Señor, debes de haberme hecho así." Lo cierto es que no *quieren* someter esta área de su vida a Dios.

Conocí a un hombre que durante años fumaba dos cajetillas de cigarrillos por día. En seguida admitió que él sabía que fumar era un mal hábito y que estaba afectando su salud. Le sugerí que oráramos juntos para pedirle a Dios que le diera la fuerza de voluntad para dejar de fumar, pero él rechazó la oferta. "Bueno, no creo que Dios se preocupe por esto — me dijo —. Depende de mí si quiero dejar de fumar." Recién cuando le diagnosticaron enfisema, este hombre me llamó para pedirme que orara por él.

Una mujer que conozco, durante años había tratado de quedar embarazada. Ella y su esposo habían gastado miles de dólares buscando especialistas y viajando a las clínicas especializadas en fertilidad. Una vez le pregunté a ella y a su esposo si le habían preguntado a Dios cuál podría ser su deseo para ellos. Se rió mientras decía: "Tengo temor de preguntarle a Dios acerca de esto.

Pudiera ser que Él nos dijera que no desea que tengamos hijos."

Cada uno de nosotros tiene estas áreas en la vida
en las cuales deseamos mantener el control absoluto.
Y son precisamente las áreas en las cuales Dios se introduce. En realidad, estas áreas que queremos mantener fuera del alcance de Dios son precisamente
aquellas en las que Dios pone su atención para quitar
de nosotros cada vestigio de nuestra independencia.
Su deseo y su propósito es que vivamos en total dependencia de Él. Nada inferior a una completa dependencia será suficiente.

Me encanta ir al lejano oeste y caminar errante por
el desierto. Me gusta dormir en una carpa cuando hace
frío y fotografiar la naturaleza o cazar. Disfruto de la
soledad y de la belleza de las áreas de bosque montaño-
so de nuestra nación. En la mayoría de mis viajes al
bosque, me pongo en contacto con un hombre que
arrienda equipos y me asigna un caballo para la excur-
sión. Algunas veces he tenido caballos muy dóciles que
al menor movimiento de las riendas saben exactamente qué hacer. Estos caballos obedecen instantáneamente. Algunas veces hasta una mera palabra es
suficiente.

Otras veces he cabalgado sobre caballos muy independientes. Podía tirar de las riendas, podía darles un
tirón, golpear con los estribos, hablarles de manera
cortante, pero no sucedía nada de lo que yo quería que
sucediera. Supuestamente a estos caballos los habían
amansado, pero en lo que a mí me concierne no los habían amansado muy bien. Algunas veces, estos caballos independientes me pusieron en situaciones

peligrosas: embistiendo colina abajo o plantándose de golpe en senderos muy estrechos. Créame, toda la vida prefiero un caballo dócil, bien amansado para cualquier situación.

¿Qué sucede cuando se amansa a un caballo? Contrario a lo que muchas personas creen, al caballo no se le quebranta el espíritu. Un caballo bien quebrantado (amansado) sigue siendo fuerte, sigue teniendo voluntad; tiene reflejos rápidos y le encanta galopar cuando le dan rienda libre. Más bien, es la *independencia* del caballo la que se quiebra. El quebrantamiento del caballo trae como resultado la respuesta instantánea de obediencia a su jinete.

Cuando un hijo de Dios es quebrantado, Dios no destruye su espíritu. Cuando venimos a Cristo, no perdemos el entusiasmo de vivir. No perdemos la fuerza de nuestra personalidad. Lo que sí perdemos es nuestra independencia. Se sujeta nuestra voluntad a la voluntad del Padre de tal manera que podamos prestar obediencia inmediata a aquel a quien llamamos Salvador y Señor.

Ahora bien, nosotros podemos insistir en seguir por nuestros propios caminos. Dios no nos despoja de nuestra libre voluntad ni antes ni después de reconocer a Jesús como Salvador. Podemos vivir de manera independiente sin importarnos lo que Dios nos dice o la manera en la que Él pudiera dirigirnos, pero cuando actuamos independientemente, de la misma manera que un caballo que no ha sido amansado o que ha sido parcialmente amansado, nos exponemos al peligro. Su deseo es que *no* experimentemos las consecuencias de andar vagando a voluntad en el pecado y de los peligros del mal.

El quebrantamiento es la condición mediante la cual Él lleva nuestra voluntad a una completa sumisión a su voluntad de tal manera que cuando Él hable nosotros no pongamos ninguna objeción, no comencemos a justificarnos ni a ofrecer excusas, y no busquemos a quien echarle la culpa. Más bien, obedecemos instantáneamente la guía del Espíritu Santo según nos conduce. El resultado final es una bendición; es para nuestro bien tanto ahora como para siempre.

EL OBSTÁCULO DEL YO

Cuando Dios nos conduce hacia una experiencia de quebrantamiento o permite que pasemos por estos períodos, está persiguiendo nuestra terquedad, la confianza que tenemos en nosotros mismos y nuestra autosuficiencia. Él persigue todo lo que tenga algún resabio de nuestro yo y de nuestra obstinada independencia.

Para algunas personas, el yo está ligado al poder y al *estatus* social, a su posición y a la autoridad.

Para otros el yo es inseparable de la destreza intelectual o de una buena personalidad vibrante que siempre puede ganar amigos e influir sobre otras personas.

En otros casos, el yo está ligado a la apariencia, a la salud, a la belleza, al buen estado físico o a la energía.

Otras veces, el yo está ligado más estrechamente a las cosas, a las posesiones o a vivir en un buen vecindario.

Nuestro concepto de nosotros mismos revela cuánto confiamos en Dios y cuánto hemos rendido nuestra vida a Él.

Pregúntese a sí mismo: *¿Cuándo me siento bien conmigo mismo? y ¿Cuándo me siento mal conmigo mismo?*

Si un día en el que no puedo arreglarme bien el cabello, o en el que tengo una actuación pobre en el trabajo, o en el que pierdo una posesión favorita me arroja en un estado en el que siento una gran pérdida . . .

Si me parece que no soy nadie a menos que viva de cierta manera, que tenga ciertos beneficios adicionales o que me reconozcan por ciertos logros . . . necesito volver a evaluar mi relación de confianza en Dios. Dios desea que el concepto que tengamos de nosotros mismos esté total y completamente arraigado en su amor y en su definición de lo que es valioso y digno de ser tenido en cuenta.

Cuanto más nos aferramos a aquello en lo que confiamos en lugar de confiar en Dios, más difícil será el período de quebrantamiento. Algunas veces, parecería que Dios tiene que arrancar de nosotros o despedazar dentro de nosotros aquellas cosas en las cuales confiamos más de lo que confiamos en Él. El proceso de quebrantamiento puede ser extremadamente doloroso. Podemos experimentar dolor, pena y sufrimiento como jamás hemos conocido y ni siquiera imaginado.

Nuestra tendencia natural cuando Dios comienza a poner en la mira un área de nuestra vida para quebrantar es aferrarnos a esa área aun más. Hablando en términos generales, sabemos lo que debemos rendir o someter a Dios. Al hablar con muchas personas a través de los años acerca del proceso de quebrantamiento de Dios en su vida he escuchado una y otra vez: "Yo sabía que lo que estaba haciendo era contrario a lo que

Dios deseaba de mí, pero lo hice de todas maneras." Este sentimiento puede haber sido intuitivo, sin palabras, más subconsciente que consciente, pero de todas maneras existía el conocimiento de que estaban reteniendo de Dios un área de su vida.

¿Por qué tememos soltar estas cosas? Porque no deseamos perder el control. Esto es orgullo en su forma más primitiva.

Tememos que Dios no nos amará lo suficiente como para satisfacer nuestras necesidades, para cumplir nuestros deseos o para darnos contentamiento. Tememos andar por la vida careciendo de algo vital, perdiéndonos algo bueno o no pudiendo experimentar algo que deseamos experimentar.

Hágase la siguiente pregunta sin rodeos: "Según su parecer, ¿cuánto lo ama Dios?"

Un día le hice esta pregunta a una mujer que vino a verme en medio del pesar de la muerte de su esposo que se había desencadenado como consecuencia de una prolongada enfermedad. Estaba enojada con Dios y finalmente estalló diciendo: "Dios me abandonó cuando más lo necesitaba."

Le aseguré que Dios nunca nos abandona. Él siempre nos asegura que su presencia estará con nosotros. Yo sabía que el problema no era que Dios la había abandonado en el tiempo de la prueba, sino que ella se había vuelto a cualquier otra persona y a cualquier otra cosa excepto a Dios en este tiempo de prueba. Ella lo había abandonado. Sin embargo, en lugar de confrontarla con este hecho —que yo sabía que no podría aceptar en aquel momento— le pregunté:

— En su opinión, ¿cuánto la ama Dios?

Ella me dijo amargamente:

— Pienso que Dios no me ama en absoluto.

Le dije que creía que eso era imposible. Significaría que ella fuera la única excepción en la historia de toda la humanidad.

Pareció quedarse pasmada. Yo continué diciendo:

— 1 Juan 4:8 nos dice que Dios es amor. El amor es su atributo supremo. Y cualquiera sea el atributo que Dios tenga, ese atributo es infinito, puro y perfecto. La naturaleza de Dios no cambia. Si Él ama a una persona, ama a todas las personas.

— Entonces, ¿qué fue lo que sucedió? — me preguntó —. ¿Por qué Dios permitió que mi esposo se enfermara tanto y sufriera tanto y luego muriera? ¿Cómo es posible que Dios me ame y que haya permitido que esto sucediera?

— No lo sé — le dije —. Yo no sé por qué Dios actúa en la forma en que lo hace, pero lo que sí sé es que Dios nunca dejó de amarla a usted ni a su esposo, ni por un momento. Sospecho que está enojada con Dios en este momento porque tiene temor de que Él no estará allí para ayudarla en el futuro.

Asintió silenciosamente mientras las lágrimas llenaban sus ojos.

— Deseo asegurarle — le dije —, que Dios estará allí junto a usted. Desconozco todo lo que Dios tiene para usted en el futuro, pero lo que sí sé es que Él desea que usted confíe en Él completamente. Él desea que descanse en Él en cada paso del camino, cada día durante todo el camino al cielo.

Si creemos que Dios no nos ama o que no nos ama lo suficiente, entonces tendremos la tendencia de no confiar en Él. Los asuntos de confianza son inevitablemente asuntos de amor. Pregúntese hoy mismo:

- ¿Acaso Dios sería capaz de robarle algo que fuera para su bien eterno?
- ¿Acaso Dios sería capaz de quebrar algo en usted que pudiera ayudar a que usted se convierta en lo que Él quiere que sea?
- ¿Acaso Dios podría quitarle alguna cosa que pudiera ser de bendición espiritual para usted?
- ¿Acaso Dios podría privarlo de alguna cosa que contribuyera a su edificación, a su fortalecimiento o a construir su carácter?
- ¿Acaso Dios sería capaz de robarle alguna cosa que pudiera traerle contentamiento, paz y gozo?
- ¿Sería Dios capaz de quitarle aquellas cosas que le ayudarían a usted a rendir al máximo de su potencial?

¡No!

Dios no les roba a sus hijos.

Él no mata ni destruye a aquellos a quienes ama. Él no priva a sus hijos de nada como si les estuviera jugando alguna clase de broma cruel a ellos. En Juan 10:10 Jesús dijo:

> El ladrón no viene sino para hurtar y matar y destruir; yo he venido para que tengan vida, y para que la tengan en abundancia.

En todo tiempo, en cada situación y circunstancia, Dios está obrando en algún área de su vida, llevándolo al lugar donde usted deseará convertirse en lo que Él quiere que sea y lograr lo que Él quiere que logre. Él lo está moldeando para que pueda tener los deseos de su corazón porque le está dando la forma a su corazón para que desee aquello que Él desea para usted. Él está obrando dentro de su espíritu para que pueda conocer su voluntad y estar dispuesto a hacerla. El Señor actúa cada vez que encuentra algo dentro de nosotros que debe ser quebrantado — o que aun debe ser destrozado — para que nos convirtamos en la clase de personas para lo cual nos creó.

EL OBSTÁCULO DE NUESTRA RESPUESTA

Nosotros somos quienes decidimos el resultado de nuestro quebrantamiento.

Podemos elegir responder al quebrantamiento con ira, con amargura y con odio. Podemos despotricar contra nuestras circunstancias. Podemos comenzar a asestarle golpes a aquellos que en nuestra opinión han sido la causa de nuestro dolor. Todas estas opciones están a nuestra disposición porque tenemos libre albedrío.

Sin embargo, la manera de encontrar la bendición es volvernos a Dios para que Él nos sane y nos lleve a la madurez. Nosotros somos quienes decidimos si vamos a rendirnos a Él y a confiar en Él.

Para Dios nuestro quebrantamiento tiene como meta final hacernos completos y maduros. Cuando estamos completos podemos ser fructíferos. Cuando somos fructíferos encontramos la satisfacción, la paz y el gozo.

Jesús les dijo repetidas veces a aquellos que venían a Él para ser sanados: "Sé sano" (es decir, completo). Ninguna otra cosa iba a ser suficiente. Debemos confiar en Dios totalmente, como alguien dijo una vez: completa y únicamente. Cuando lo hacemos, Él nos hace completos.

CINCO

¿QUÉ SIGNIFICA SER HECHOS COMPLETOS?

Muchas personas, cuando piensan en estar completos, automáticamente piensan en cuestiones de salud, de enfermedad, de lesiones o de muerte. Sin embargo, estar completos es una cuestión de armonía entre el cuerpo, el alma y el espíritu. Se trata de vivir de tal manera que todas las facetas y aspectos de la vida se encuentren relacionados entre sí de una manera saludable, profunda y flexible.

Cuando Dios nos quebranta, lo hace con el propósito de ensamblarnos nuevamente, de una manera mejor de lo que estábamos antes y fundamentalmente lo hace para que podamos ser hechos completos. Pablo hace una oración maravillosa por los tesalonicenses en la cual habla de esta realidad:

Y el mismo Dios de paz os santifique por completo; y todo vuestro ser, espíritu, alma y cuerpo, sea guardado irreprensible para la venida de nuestro Señor Jesucristo.

1 Tesalonicenses 5:23

Siempre podemos confiar en que el propósito de Dios para nuestra vida es que estemos completos y que nos multipliquemos, no que estemos fragmentados o que disminuyamos.

ESTAR COMPLETO INVOLUCRA TODO NUESTRO SER

Quiero comunicar varios principios clave acerca de lo que significa estar completos. En primer lugar, tenemos que reconocer que existen tres aspectos de nuestro ser: el espíritu, el alma y el cuerpo.

El cuerpo nos capacita para relacionarnos con lo que nos rodea. Tenemos cinco sentidos, podemos oler, ver, gustar, oír y tocar. Vivimos dentro de un caparazón físico que nos permite una interacción con el mundo físico.

El alma incluye nuestra mente, nuestra voluntad, nuestras emociones, nuestra conciencia. No podemos ver el alma, pero cada persona sabe que forma parte de su ser. El alma es el medio que nos permite relacionarnos unos con otros. Estamos conscientes de nosotros mismos en relación con los demás. A nivel del alma podemos reír con otros, amar a otros y recibir amor de los demás, o podemos sentirnos celosos, enojados o amargados con respecto a otros. Con la voluntad y la mente elegimos la forma en la que actuaremos en el mundo y, en gran parte, la manera de comunicarnos con los demás.

Nuestro espíritu constituye nuestro ser interior. A través del espíritu nos relacionamos con el Dios todopoderoso.

Cuando Adán y Eva estaban en el huerto de Edén, su cuerpo, alma y espíritu eran perfectos. Dios les dio dominio sobre el mundo físico y vivían en perfecta armonía el uno con el otro y con Dios.

Dios les habló acerca de un árbol en particular en el huerto de Edén:

> Mas del árbol de la ciencia del bien y del mal no comerás; porque el día que de él comieres, ciertamente morirás.
>
> Génesis 2:17

Ellos comieron y murieron. Pero ¿en qué sentido murieron en aquel acto de desobediencia? No fue su cuerpo lo que murió, porque siguieron vivos durante cientos de años. No fue su alma, porque aún podían relacionarse el uno con el otro y con sus hijos. Lo que murió fue la capacidad de relacionarse con Dios espiritualmente. Pablo escribe lo siguiente:

> Y él os dio vida a vosotros, cuando estabais muertos en vuestros delitos y pecados, en los cuales anduvisteis en otro tiempo, siguiendo la corriente de este mundo, conforme al príncipe de la potestad del aire, el espíritu que ahora opera en los hijos de desobediencia.
>
> Efesios 2:1,2

Nuestro estado pecaminoso es de muerte interior. Una persona puede actuar muy bien en el plano físico y aun en el plano del alma, pero hasta que no tenga una relación correcta con Dios a través de Jesucristo, está muerto en el plano espiritual. Sólo alguien que cree en Jesucristo posee el potencial para ser una persona completa porque a menos que el espíritu cobre vida en Cristo, la parte espiritual interior de la persona está desfasada con respecto al resto de su ser. No podemos estar completos con solo un buen cuerpo y buenas relaciones con el mundo físico, o con el alma en buen estado, disfrutando de buenas relaciones con otras personas. Para estar completos nuestro espíritu debe ser limpio y en una buena relación con Dios.

La Biblia dice que cuando recibimos a Jesucristo como nuestro Salvador personal, el Espíritu Santo viene a morar en nosotros. Este Espíritu de Dios permite que nuestro espíritu esté unido al Espíritu divino. Nuestro espíritu llega a tener vida ¡porque Él es vida! Cuando el Espíritu Santo mora en nosotros, adquirimos una sensibilidad hacia Dios, una conciencia de Él y una relación viva con Él. Esta relación nos permite hablar con Él y le permite a Él hablar con nosotros. Estamos abiertos de manera nueva a comprender la palabra de Dios y a percibir la guía del Espíritu Santo. También nos volvemos más sensibles al pecado y al poder del Espíritu Santo para redargüirnos. Nuestro espíritu ha nacido de nuevo, y ¡tenemos una nueva vida espiritual!

He aquí el problema. El mundo no creyente no sabe nada acerca de la vida espiritual divina. Ellos piensan que son espirituales cuando observan ciertos ritos espirituales o cuando entran en el campo de la metafísica, pero esto no es espiritualidad divina. Cualquier espiritualidad que esté separada del Espíritu Santo tiene sus raíces en el mal. Sin embargo, el mundo incrédulo no se interesa en las cosas espirituales. La filosofía del mundo es la siguiente: "Si se ve bien, hazlo tuyo. Si es agradable al tacto, tócalo. Si huele bien, tómalo. Si tiene buen sabor, come mucho. Si suena bien, sigue escuchando." El mundo vive de acuerdo con sus sentidos y apetitos.

Todos tenemos apetitos. Nos agrada la belleza; nos gusta mirarla y experimentarla. Nos gustan la comida, el agua y el sexo. También tenemos apetitos relacionados con el alma: necesitamos amor; tenemos el deseo de crecer y el anhelo de aprender. Tenemos un apetito por la independencia y por la libertad para actuar y expresarnos. Pero en tanto una persona se encuentre sin una relación con Dios, estos apetitos corren de acuerdo con su propio poder. Se degeneran en lo que la Biblia llama los deseos de la carne, una voraz avidez por todo lo que parece bueno dentro de los planos físico y anímico. Estos apetitos, cuando se desbocan, provocan muchos de los problemas que vemos hoy en las relaciones, en los negocios, y en la sociedad en general.

El creyente en quien mora el Espíritu Santo posee un nuevo sistema de control en su ser. El Espíritu Santo pone bajo la dirección del espíritu todos los apetitos, deseos e impulsos de la carne y del alma. Se restablece el orden divino en el cual fuimos creados: el espíritu está sobre el alma y sobre el cuerpo. Cuando esto sucede podemos estar *completos*.

Por lo tanto, la rebelión que nos impide estar completos es una rebelión del espíritu. Las cosas que se levantan como obstáculos para que nuestro ser esté completo son en definitiva cosas que se encuentran en el espíritu, entre ellas:

- falta de confianza
- orgullo
- codicia
- enojo
- odio

- amargura
- temor

Para que el Señor nos pueda hacer completos, Él debe tratar con las áreas de la vida que nos impiden ser completos. Éstas se encuentran en el meollo de lo que nos separa de la plenitud que Dios desea para nosotros.

ESTAR COMPLETO ES MÁS QUE UNA CUESTIÓN SUPERFICIAL

El problema que tienen muchas personas es que no ven los principios espirituales involucrados en las diversas situaciones y circunstancias con las que se encuentran diariamente. A pesar de que han nacido de nuevo en su espíritu, continúan viviendo (por la fuerza del hábito y también por la fuerza de la voluntad) de acuerdo con los viejos modelos. Ven las cosas sólo en forma superficial y responden a la vida superficialmente.

Cuando comenzamos a ver la vida en la forma en que Dios la ve, descubrimos que la vida tiene una corriente espiritual debajo de la superficie que siempre está fluyendo. Todo lo relativo a la vida fluye de la dimensión espiritual. Nuestros deseos, ideas y emociones están motivados por el espíritu y fluyen a través del alma para expresarse finalmente en el cuerpo. Cada acto de relación con otras personas — lo que decimos, lo que hacemos, a quién vemos y por qué lo decimos, lo hacemos o lo vemos — tiene una dimensión y un propósito espiritual. En realidad, todo lo que hacemos en el plano físico, mental o emocional tiene un componente espiritual.

Cuando consideramos nuestro quebrantamiento, nuestra tendencia natural es mirar sólo en la superficie. Nuestra sociedad utiliza diferentes formas de la palabra *quebrantar* para describir el quebrantamiento a un nivel circunstancial o de relación.

- Decimos que la salud de una persona está quebrantada cuando se encuentra exhausta o cuando tiene un colapso severo.
- Cuando una pareja corta su relación decimos que rompieron.
- Cuando sufrimos una pérdida financiera, decimos que hemos quebrado.

Muchas veces, cuando estamos quebrantados, limitamos la perspectiva que tenemos acerca del quebrantamiento al plano físico o emocional.

Las preguntas más importantes que debemos hacernos en tiempos de quebrantamiento son las siguientes:

- ¿Qué está sucediendo en el área espiritual de mi vida?
- ¿Qué desearía Dios hacer en mi relación con Él?
- ¿De qué manera podría Dios obrar en este tiempo de quebrantamiento para restaurarme, renovarme, hacerme de nuevo y ajustar mi relación con Él?
- ¿Dé qué manera puede obrar Dios en esta situación o circunstancia para hacerme una persona más completa?

Estas preguntas nos llevan directamente al propósito de Dios: una relación de total confianza en Él de tal manera que Él pueda usarnos como hombres y mujeres completos, fuertes en espíritu y completamente obedientes a Él y sujetos a su dirección.

El propósito de Dios siempre se logra en definitiva a nivel espiritual. Las circunstancias externas pueden variar o no. Con seguridad cambian de acuerdo con los

tiempos de Dios. Nuestra responsabilidad en los períodos de quebrantamiento es someternos no sólo a lo que
Dios desea hacer en nuestra vida, sino también a su
propósito en cuanto a su cronograma. Es posible que la
plenitud (una vida completa) no llegue rápida o fácilmente, ¡pero vale la pena esperar!

LLEVA TIEMPO LLEGAR A ESTAR COMPLETOS

Pablo les escribió a los corintios:

> Por tanto, no desmayamos; antes aunque
> este nuestro hombre exterior se va desgastando,
> el interior no obstante se renueva de día en día.
> Porque esta leve tribulación momentánea pro-
> duce en nosotros un cada vez más excelente y
> eterno peso de gloria.
>
> 2 Corintios 4:16–18

Cuando nos encontramos quebrantados, debemos
tener mucho cuidado de no hacer el intento de determinar de antemano ni la metodología divina ni el
tiempo dispuesto para nuestra recuperación. Dios nos
revelará su plan y su propósito paso a paso. Es poco
probable que Él nos dé una visión del plan total que
tiene para nosotros. Hemos sido llamados a confiar en
Él día tras día.

Bien puede parecernos que nos estamos consu-
miendo día a día, pero si miramos debajo de la superficie el trabajo interior que Dios está haciendo, en
realidad estamos creciendo y estamos siendo fortalecidos de día en día.

He visto suceder esto muchas veces cuando las personas se encuentran luchando con una enfermedad
terminal. Su cuerpo externo literalmente parece con-

sumirse y, sin embargo, si están dispuestos a volverse a Dios y a someterse completamente a Él, teniéndole confianza en lo que respecta a su vida, comienzan a desarrollar una belleza interior y una fortaleza espiritual que eclipsa en gran manera lo que está sucediendo en el plano físico. Algunas veces su cuerpo recibe sanidad física, otras veces no, pero lo más importante para la eternidad es que sean sanados en su espíritu. Cuando Dios está obrando en nuestro espíritu, debemos reconocer abiertamente que la faceta más valiosa de nuestro ser (por cierto, la faceta eterna de la vida) está siendo fortalecida, nutrida y refinada. Esta es la dimensión de la plenitud que realmente importa.

También debemos reconocer que, sin importar cuán larga sea la lucha, nuestro tiempo de prueba sólo es momentáneo. Aun cuando tengamos una aflicción o atravesemos un tiempo de quebrantamiento que dure años o aun décadas, ¿qué es eso comparado con la eternidad? No es posible hacer ningún cálculo matemático entre el tiempo finito y lo infinito. Es sabio mantener la perspectiva: lo que estamos experimentando en circunstancias y situaciones externas un día va a cambiar. Lo que está sucediendo dentro de nosotros, en el plano del espíritu, es lo que tiene el potencial para perdurar y permanecer sin cambios.

Pablo les dice a los corintios que fijen sus ojos en lo invisible. Este es un buen consejo para nosotros también en cualquier momento en que estemos siendo quebrantados. No importa cuán mal se vean las cosas, si sometemos nuestra vida a Dios, Él creará algo bueno y duradero. Nos está haciendo *completos*, comenzando en la dimensión espiritual invisible de nuestra vida.

Está poniendo las cosas nuevamente en su orden correcto: el espíritu primero, el alma en segundo lugar y el mundo físico en tercer lugar.

Hace algunos años, me exigí tanto a mí mismo que llegué al punto de una severa extenuación física. Mi médico me prescribió descanso, no por una o dos semanas, sino por tantos meses como fuera necesario. Mis colegas estuvieron de acuerdo y me fui a una pequeña isla donde no tenía nada que hacer excepto caminar por la playa, pensar y orar. ¡Esto fue demasiado descanso! Me pareció mucho más terapéutico volver a casa y convertirme en ayudante de carpintero de los hombres que estaban construyendo mi casa. Gradualmente comencé a volver a mis actividades pastorales sobre la base de un trabajo de medio tiempo y no de tiempo completo.

Durante aquellas semanas y meses no sólo encontré que mis fuerzas físicas estaban volviendo, sino que también obtuve una nueva perspectiva de mi vida y de mi trabajo. Me enfrenté a algunas preguntas difíciles. ¿Renunciaría a la autoridad que tenía sobre los miembros clave de mi equipo, permitiendo que Dios obrara en ellos y a través de ellos, o me sobrecargaría con cada decisión y con los detalles de cada programa? ¿Me tomaría tiempo libre para descansar, o mantendría un plan de trabajo de siete días a la semana? ¿Aprendería a relajarme y a jugar, o sería una persona capaz de vivir sólo para el trabajo sin respetar el tiempo para el juego?

El punto principal tenía que ver con la confianza. ¿Confiaría en Dios o confiaría en mí mismo?

Unos seis meses después de mi primer retiro para descansar, subí al púlpito un domingo por la mañana y me dije: "Estoy de vuelta." Mi energía había vuelto, mi perspectiva era la correcta y, lo que era más importante, mi relación con Dios era más profunda y más rica.

El aspecto duradero de aquella experiencia no fue físico. Todavía me canso y necesito descansar. El impacto duradero no estuvo exclusivamente en mis relaciones. Todavía tengo la tendencia a abarcar muchas cosas y a trabajar demasiado. El verdadero impacto que perdura de aquella experiencia fue que llegué a la comprensión espiritual de que Dios no es el copiloto de mi vida; ¡él es el piloto! Le rendí todo el control a Él.

El verdadero beneficio de aquellos meses fue que aprendí a descansar en Dios. Aprendí a relajarme en su voluntad y a permitir que Él desplegara delante de mí su plan y sus propósitos. Me puse en una posición en la cual ahora dejo que Dios le dé un ligero toque a mi espíritu para que pueda reconocer cuándo necesito un descanso o cuándo necesito dejar que las cosas sigan su curso. Mi vida no me pertenece; le pertenece a Él.

UNA VIDA COMPLETA GLORIFICA A DIOS

En la eternidad, seremos los trofeos de Dios. Somos los trofeos de su gracia; los trofeos de la muerte de Cristo, de su sepultura y de su resurrección; los trofeos de la obra del Espíritu Santo en nuestra vida. Nuestro propósito es darle gloria a Él. Nuestra gloria mayor no se encuentra en lo que podamos lograr o hacer por nuestra cuenta, sino únicamente en lo que permitamos que el Señor haga en nuestra vida para que podamos darle gloria. Nunca podremos conocer una satisfacción mayor ni podremos recibir una recompensa mayor que rendir nuestra corona a sus pies y presentarnos ante Él como una obra en la cual no hay vergüenza, falta, falla u oscuridad.

Con mucha frecuencia perdemos de vista el hecho de que esta vida es la preparación para la que está por venir. En esta vida vamos a la escuela. El proceso es de aprendizaje, crecimiento y desarrollo. Es un proceso de transformación. Y cuando nos rendimos a los propósitos de Dios, el proceso es de transformación para que lleguemos a estar completos. Cuando con el tiempo mi voluntad se encuentra domada, quebrada totalmente, entonces mi corazón, mi alma, mi mente, mi cuerpo, mi espíritu y todo le pertenecen a Él. Cuando esto sucede, mi vida se encuentra total y completamente bajo su responsabilidad. Le pertenezco para hacer lo que a Él le agrade. ¡Y entonces, amigo mío, es cuando realmente comienza la emoción de vivir!

SEIS

EL DESARROLLO DE LA MADUREZ ESPIRITUAL

$\mathcal{E}$l sendero que existe entre el lugar en el que estamos y el sitio donde Dios quiere que estemos — el cual es una posición de absoluta entrega a Él y de una vida completa — es un sendero al que llamaremos crecimiento espiritual. Su resultado o meta final es la madurez espiritual. Dios nos quebranta para hacernos madurar.

El crecimiento espiritual tiene tres aspectos: el cambio, el crecimiento y el quebrantamiento.

CAMBIO

En primer lugar, el cambio es parte del proceso de madurez. Si no estamos dispuestos a cambiar ni estamos dispuestos a crecer, entonces no creceremos espiritualmente. No podemos aferrarnos a los viejos caminos, a las viejas ideas, a los viejos sentimientos o a los antiguos conceptos erróneos acerca de Dios, del Espíritu Santo o de la vida cristiana y a la vez crecer hasta llegar a ser la clase de personas que Dios desea que seamos. La madurez requiere un cambio y una disposición de abrazar los cambios positivos y beneficiosos.

CRECIMIENTO

Un segundo aspecto del proceso de maduración, estrechamente relacionado con el cambio, es el crecimiento. No todos los cambios tienen como resultado el crecimiento, pero sí todo crecimiento está marcado por un cambio. Madurez espiritual significa crecer hasta que seamos plenamente parecidos a Cristo en todas nuestras decisiones, pensamientos, sentimientos y acciones. Como leemos en 2 Pedro 3:18:

> Creced en la gracia y el conocimiento de nuestro Señor y Salvador Jesucristo.

Todo lo que crece en el mundo natural, crece en lo que los científicos llaman un "medio de crecimiento". En los laboratorios científicos, este medio de crecimiento algunas veces es tierra, otras veces es agua, y algunas veces ciertos productos químicos. El medio de crecimiento para la madurez espiritual es el amor. Crecemos espiritualmente cuando nos amamos los unos a los otros. El apóstol Pablo dijo:

> . . . sino que siguiendo la verdad en amor, crezcamos en todo en aquel que es la cabeza, esto es, Cristo, de quien todo el cuerpo, bien concertado y unido entre sí por todas las coyunturas que se ayudan mutuamente, según la actividad propia de cada miembro, recibe su crecimiento para ir edificándose en amor.
>
> Efesios 4:15,16

Nuestro crecimiento no es algo que nos lleve hacia la independencia. Este modelo se observa en el mundo físico: los niños crecen para llegar a vivir independientemente de sus padres. El crecimiento espiritual está marcado por una creciente dependencia del Señor Jesucristo. La madurez espiritual suprema es un estado de total dependencia del Espíritu Santo para que Él gobierne, guíe y guarde nuestra vida.

QUEBRANTAMIENTO

Un tercer aspecto del crecimiento espiritual es el quebrantamiento. Si vamos a cambiar y a crecer, debemos estar dispuestos a alejarnos de todo lo que nos haya estado reteniendo, empujándonos hacia abajo o impidiéndonos estar en una posición en la cual recibamos lo mejor de Dios. Debemos estar dispuestos a renunciar a aquellas cosas que hemos estado reteniendo y a las cuales nos hemos aferrado con toda nuestra fuerza.

EL QUEBRANTAMIENTO DE MOISÉS

Cada uno de estos tres aspectos de la madurez se hace evidente en la vida de Moisés. La historia de Moisés en la Biblia comienza en realidad con la historia de José, el hijo de Jacob, a quien sus hermanos vendieron como esclavo. A través de una serie de sucesos difíciles y dramáticas, Dios intervino y José se levantó de la condición de esclavo para llegar a ser primer ministro de Egipto.

En su posición de líder nacional, José estaba en condiciones de salvar a la nación de los estragos de siete años de hambre. Este hambre se extendió hasta Canaán donde vivía la familia de José. Los hermanos de José buscaron comida en Egipto y su búsqueda los llevó a un encuentro familiar. La familia de José en aquel momento constaba de unas setenta personas, quienes bajaron a Egipto y se salvaron del hambre.

Para cuando Moisés nació, este grupo de hebreos había crecido y se había convertido en una población de dos millones y medio a tres millones de personas. Luego de la muerte de José vino un rey a gobernar sobre Egipto que no tenía consideración de los hebreos. Él dijo:

> He aquí, el pueblo de los hijos de Israel es mayor y más fuerte que nosotros. Ahora, pues, seamos sabios para con él, para que no se multiplique, y acontezca que viniendo guerra, él también se una a nuestros enemigos y pelee contra nosotros, y se vaya de la tierra.
>
> Éxodo 1:9,10

Entonces puso a comisarios de esclavos sobre los hebreos para oprimirlos, haciéndolos realizar trabajos pesados. Pero aun así, la Biblia nos dice:

> Pero cuanto más los oprimían, tanto más se multiplicaban y crecían, de manera que los egipcios temían a los hijos de Israel. Y los egipcios hicieron servir a los hijos de Israel con dureza.
>
> Éxodo 1:12,13

Para sofocar el crecimiento de los hebreos, finalmente el faraón ordenó que todos los bebés varones que nacieran entre los israelitas murieran.

Moisés nació luego de que saliera este edicto. Sin embargo, su madre no estaba dispuesta a destruir a su hijo. Construyó un pequeño canasto, colocó a Moisés adentro y lo dejó flotando a la deriva por el río Nilo, mientras su hermana mayor María lo observaba en secreto desde las cercanías. La hija del faraón, gracias a la mano providencial de Dios, encontró al pequeño Moisés en el canasto flotante y decidió adoptarlo como su propio hijo. Cuando María sugirió que ella conocía a una mujer que podría alimentar a Moisés, la hija del faraón estuvo de acuerdo con la idea y, de esa manera, la propia madre de Moisés tuvo el privilegio de cuidarlo durante sus primeros años.

Una vez que Moisés hubo crecido, un día salió y fue al lugar donde los hebreos eran sometidos a trabajos forzados. Vio que un egipcio golpeaba a un hebreo; entonces mató al egipcio y lo enterró en la arena. Pensó que nadie lo había visto, pero para su consternación, al día siguiente cuando intentó detener a dos hebreos que peleaban, uno de ellos le dijo:

> ¿Quién te ha puesto a ti por príncipe y juez sobre nosotros? ¿Piensas matarme como mataste al egipcio?
>
> Éxodo 2:14

Moisés se dio cuenta de que habían presenciado su crimen e inmediatamente huyó a Madián. Durante cuarenta largos años Moisés trabajó para su suegro Jetro como pastor en el desierto.

Así pasó del palacio del faraón, donde vivía como el hijo del faraón, a convertirse en un pastor exiliado y solitario en medio del desierto. ¡Con toda seguridad, Moisés estaba siendo quebrantado!

¿Qué debía ser quebrantado en la vida de Moisés? Aquí tenemos a un hombre con muchas habilidades, con antecedentes y credenciales impresionantes, con prestigio y poder, con un porvenir y una posición elevada y que contaba con una cantidad virtualmente inagotable de recursos a su disposición. El faraón le había dado una posición. Con seguridad, si nosotros tuviéramos que elegir a una persona calificada y capaz de guiar al pueblo de Dios fuera de la opresión de Egipto hacia la tierra de Canaán, Moisés hubiera sido uno de los candidatos principales. Tenía todo lo necesario, desde el punto de vista humano, para ser el líder de su pueblo. ¿Por qué tuvo que vivir cuarenta años en el desierto?

Porque Moisés necesitaba un *cambio*. Dios necesitaba llevar a Moisés de una posición de independencia a una posición de dependencia absoluta de Él.

Los hebreos como pueblo se habían egipcianizado, al igual que Moisés. Habían adoptado gran parte de la cultura egipcia e incluso habían comenzado a adorar a los dioses egipcios. Después de todo, habían vivido en Egipto durante cuatrocientos años al momento en que Moisés entró en escena.

Dios tenía que tratar con la egipcianización de Moisés de tal manera que cuando Dios liberara a su pueblo de Egipto sólo Dios fuera glorificado y sólo Dios recibiera el crédito. Entonces, y sólo entonces, los hebreos podrían comenzar a ver que debían poner su confianza únicamente en Dios. El propósito de Dios al quebrantar a Moisés tenía, a largo plazo, el propósito de quebrantar a los israelitas para poder darles una nueva forma de vivir, a fin de que fueran su pueblo.

Al quebrantar a Moisés, Dios arrancó de él todo lo que había aprendido de niño y de joven. Durante el proceso que lo llevó al desierto Moisés perdió a su familia, su hogar en el palacio, sus privilegios, su prominencia, su prestigio, su poder y su orgullo. Perdió todo.

Moisés sabía lo que significaba estar vestido con las ropas más finas, conducir los carros más elegantes, ser servido por los sirvientes más atentos y recibir el homenaje de las demás personas. En sólo cuestión de días se encontró perdido en la nada, cuidando ovejas y vestido con las humildes ropas de un pastor, caminando descalzo, sin sirvientes ni ninguna otra clase de personas como compañía, sólo las ovejas. Su hogar era una tienda, no un palacio. Trabajó en tareas físicas comunes. De muchas maneras, Dios lo llevó a una completa identificación con el resto del pueblo hebreo.

A lo largo de los años, Dios también hizo un gran cambio en el espíritu y en el alma de Moisés. Moisés dejó de ser egocéntrico para tener a Dios en el centro de su vida. Aprendió los caminos de Dios y cuál era su definición del éxito. Aprendió que es mejor ser alguien a los ojos de Dios y nadie a los ojos del mundo, que ser alguien a los ojos de las masas y nadie a los ojos de Dios.

DESPOJARSE DE TODO, MENOS DE DIOS

Es probable que usted se esté preguntando: *¿Dios hace esto con todas las personas a quienes piensa usar?* Por un lado, usted no es el hijo del faraón, así que no vaya a pensar que los detalles de la vida de Moisés se aplican a la suya. Por otra parte, Dios sí utiliza el mismo principio al quebrantarnos a cada uno de nosotros para sus propósitos y para poder usarnos. El propósito de Dios para nuestra vida no es hacernos famosos, prominentes, prestigiosos o ricos. Su propósito para nuestra vida es llevarnos a la posición en la que no tengamos absolutamente nada, para que podamos reconocer que todo lo que tenemos de valor en esta vida es Dios y solamente Dios.

Ahora bien, a la larga Dios puede ponerlo en una posición de riqueza o ponerlo en eminencia, pero si esto sucede será obra de Dios y será para sus propósitos. Y si uno depende totalmente de Dios, si Él le da riqueza y prominencia, no le importará ni su riqueza ni su prominencia. Esto no contará en absoluto. No tendrá gran significado. Estará en condiciones de utilizar la riqueza y la prominencia que Dios le ha dado exclusivamente para los propósitos divinos y no para su propio engrandecimiento.

La Biblia no nos dice por qué a Dios le llevó cuarenta años lograr el quebrantamiento en la vida de Moisés. De lo que sí podemos estar seguros es que Dios nos quebrantará y continuará haciéndolo hasta que todo resentimiento, hostilidad, enojo y toda ambición en nosotros se haya roto. A Dios no le preocupa cuánto tiempo puede llevar el proceso, sino más bien le preocupa que el proceso sea efectivo. Dios puede haber necesitado cuarenta años para sacar de raíz de la vida de Moisés todos los rasgos que le impedían ser total y completamente útil para Dios.

También es probable que hayan sido necesarios cuarenta años para que ciertas situaciones en Egipto llegaran a su límite, o para que el pueblo hebreo estuviera tan cansado y asqueado de la esclavitud que estuviera dispuesto a seguir al líder que Dios le iba a dar. En los tiempos de Dios es necesario que se cumplan algunas cosas. Una y otra vez en las Escrituras leemos que cuando llegó el tiempo Dios se movió para actuar de cierta manera, o levantó a ciertas personas para implementar su voluntad. El calendario de Dios no es igual al nuestro. Él utiliza el tiempo como una herramienta para lograr los propósitos eternos. En el contexto de la eternidad, ¡cuarenta años no son nada!

Con toda certeza, ninguno de nosotros desearía experimentar nada de lo que fue el proceso de quebrantamiento de Moisés. Este tiempo fue extremadamente difícil, doloroso y desgarrador para él. Durante cuatro décadas Moisés se encontró en el proceso de ser destrozado, aplastado sobre la rueda del alfarero, podado y cincelado, probablemente hasta el punto en que él no se reconocía más a sí mismo. Sin lugar a dudas, el hombre que él había sido y el hombre que resultó luego de cuarenta años en el desierto parecían dos personas diferentes.

Y justamente de eso se trataba. El Moisés a quien Dios envió de vuelta al faraón para guiar a los hebreos a salir de la tierra de Egipto no era el hombre que había huido del faraón.

EL QUEBRANTAMIENTO ESTÁ EN CONTRA DE NUESTRA CULTURA

Hay muchos elementos en el quebrantamiento que van en contra de lo que se nos ha enseñado en nuestra cultura. Se nos enseña a tener confianza en nosotros mismos, a hacer nuestros planes y a establecer nuestras metas; se nos enseña a negarnos a la idea de movernos o a cambiar de opinión con respecto a nuestros propósitos. Todo en nuestra cultura nos habla de la misma manera en que le hablaba a Moisés su crianza en la corte del faraón. La escuela de crecimiento de

Dios para Moisés fue muy diferente. En el desierto
Moisés aprendió a confiar en Dios, a permitir que Dios
fuera quien estableciera el plan de su vida y a hacer
cualquier cosa que Dios le pidiera que hiciera.

Jesús, por supuesto, es el modelo perfecto de confianza en Dios. Él les dijo a sus discípulos:

> El que me ha visto a mí, ha visto al Padre . . .
> Las palabras que yo os hablo, no las hablo por mi
> propia cuenta, sino que el Padre que mora en
> mí, él hace las obras. Creedme que yo soy en el
> Padre, y el Padre en mí.
>
> Juan 14:9–11

Jesús estaba viviendo de acuerdo con el plan de su
Padre, y esto es lo que Dios deseaba de Moisés. También es lo que Dios desea de usted y de mí.

Alguien dijo una vez: "Un alma se convierte de un
momento para otro, pero para llegar a ser un santo se
requiere toda una vida." La conversión tiene lugar instantáneamente; la madurez requiere muchos años.

Con demasiada frecuencia veo a los cristianos luchando para llegar a alcanzar lo que les parece que es lo
máximo (no sólo en su profesión o en la escala social,
sino también en lo que les parece que debe ser la vida
cristiana). Juntan, ganan, acumulan, asimilan, arre-
glan y amontonan, mientras que durante todo este
tiempo preparan su *curriculum* espiritual y su larga
lista de logros — participación en juntas directivas, tareas en los comités y honores — tal vez con la esperanza de que un día podrán entregar a Dios su informe
diciéndole: "Mira todo lo que he hecho por ti."

La obra de Dios a través del quebrantamiento nos
llama a no acumular sino a desechar. Él nos llama a

deshacernos de esto o aquello, a deshacernos de este rasgo de carácter, de aquel hábito, a renunciar a este deseo o a aquella meta y finalmente a despojarnos de todo egoísmo hasta que podamos decir: "Todo lo que soy y todo lo que tengo es de Dios. Él está en mí y yo estoy en Él y eso es lo único que importa."

EL PROCESO DE MADUREZ ESPIRITUAL EN SU VIDA

Dios no tratará con usted de la misma manera que trató con Moisés, pero lo hará de maneras similares.

¿Qué es lo que Dios quiere quitar de su vida?

¿Qué es lo que viene a su mente cuando piensa en ser quebrantado?

¿Qué es lo que usted ha puesto entre su persona y una entrega total a Dios? ¿Qué es aquello en lo que confía más que en Dios? ¿Qué es lo que ama más que a Dios?

Todas las personas que conozco tienen una comprensión intuitiva de lo que Dios desea quitar de sus vidas. Es probable que no estén en condiciones de expresarlo con esos términos, pero generalmente pueden identificar aquello de lo cual temen prescindir, o lo que más temen perder.

Debemos amarnos los unos a los otros. Debemos valorarnos los unos a los otros, pero nunca debemos amar a alguien más de lo que amamos a Dios.

Debemos trabajar diligentemente y hacer un buen trabajo, pero nunca debemos valorar nuestro trabajo — ni siquiera el trabajo que definiríamos como trabajo para Dios — más de lo que valoramos nuestra relación con Él.

Debemos servir a otros y comunicar a Cristo a otros, pero nunca debemos valorar nuestro ministerio más de lo que valoramos la relación con Él.

Dios nos quebrantará . . . nos cambiará . . . y nos hará crecer hasta que alcancemos la madurez espiritual, sin importar cuánto tiempo lleve o cuán difícil pueda resultar el proceso para nosotros.

LA PREPARACIÓN PARA EL MINISTERIO SOBRENATURAL

Dios utiliza el quebrantamiento para preparar a una persona para el ministerio sobrenatural. Esta función está reservada para las personas espiritualmente maduras.

No permita que la palabra *ministerio* lo confunda. Todos los cristianos están llamados al ministerio, el cual es simplemente servicio a los demás. Esto no significa necesariamente un trabajo a tiempo completo en la iglesia o en alguna organización religiosa.

Una mujer me dijo una vez:

— Parece que todos mis amigos han sido llamados al ministerio. Yo soy solamente una esposa y una madre.

Lo dijo riendo, como si estuviera disminuyendo o restando importancia a su rol de ama de casa.

Yo le dije:

— ¡Usted tiene uno de los ministerios más nobles de todos!

Me miró con sorpresa. Entonces le dije:

— ¿Puede nombrarme alguna responsabilidad más grande en toda la vida que criar hijos que amen y sirvan a Dios? ¿Puede nombrarme un ministerio que requiera más de la sabiduría, la fe, la paciencia y el amor de Dios?

Admitió que nunca lo había pensado de esta manera, y luego, con el rostro iluminado dijo:

— Creo que sí tengo un ministerio.

Así es. Pensemos tan sólo en todos los atributos que se necesitan para que los hijos crezcan teniendo su corazón inclinado hacia Dios. Pensemos en el sacrificio, el tiempo, las habilidades, el conocimiento y la comprensión que debe tener una madre para criar hijos santos. Nunca debemos menospreciar la responsabilidad o el rol del ministerio que tienen las madres. Supongamos que la madre de Moisés hubiera dicho: "Yo no tengo un ministerio." Su ministerio fue uno de los más grandes de toda la historia: idear la manera en que su hijo sobreviviera y criarlo de tal forma que él se hiciera cargo del pueblo de Israel. Ella encendió en él la llama básica de la fe en Dios que nunca lo abandonó y que Dios mismo inflamó convirtiéndola en un fuego abrasador muchos años después.

Cada uno de nosotros tiene un ministerio. Dios tiene un área de servicio diseñada específicamente para que podamos utilizar plenamente nuestros talentos, dones y habilidades individuales. Él nos ha colocado en un tiempo y en un lugar únicos y nos ha situado entre personas específicas para llevar a cabo su ministerio. Crecemos espiritualmente como para poder ministrar a otros con profundidad, espontaneidad y con misericordiosa generosidad.

Dios hizo que Moisés madurara espiritualmente para que él pudiera liberar a su pueblo de la esclavitud y para que pudiera conducirlo a la tierra en donde podría vivir en la plenitud de las promesas que Dios le había hecho. Dios le dio a Moisés un ministerio sobrenatural, y nosotros también estamos llamados a un ministerio sobrenatural.

Se puede observar que utilizo la palabra *sobrenatural* para describir el ministerio. Esto es así porque si el ministerio es real, debe ser sobrenatural, es decir, inspirado por Dios y dotado de su poder. Ministerio quiere decir servicio. Cualquiera puede ministrar a las necesidades de otra persona, pero para que uno ministre de manera sobrenatural, necesita hacerlo bajo la directa intervención de Dios que se involucra en esa acción. El ministerio sobrenatural requiere el poder del Espíritu Santo.

Ahora bien, un ministerio sobrenatural no necesariamente significa que tengamos que hacer grandes milagros o sanidades. Cuidar su negocio prestando atención a los principios espirituales, criar una familia santa, predicar el evangelio, cantar en el coro de la iglesia, tocar en la orquesta de la ciudad, enseñar en una escuela, trabajar en un hospital o cualquier otra clase de actividades que podamos nombrar, se puede realizar como un ministerio sobrenatural siempre que lo que hagamos sea hecho para la gloria de Dios y siempre que invitemos al Espíritu Santo a obrar a través de nosotros en el servicio a los demás.

Es importante destacar varios aspectos del ministerio sobrenatural.

EL MINISTERIO SOBRENATURAL TIENE UN OBJETIVO

Dios siempre tiene un objetivo en mente cuando nos llama a un ministerio sobrenatural específico. Dios le habló a Moisés en la zarza ardiente diciendo: "Quiero que te presentes ante el faraón y le digas que deje ir a mi pueblo." Ese era el objetivo del ministerio de Moisés.

EL MINISTERIO SOBRENATURAL REQUIERE UNA CONFIANZA ACTIVA

La misión que Dios le encomendó a Moisés era pasmosa. Moisés inmediatamente buscó la manera de salir de aquello. En esencia lo que dijo fue: "Has elegido a la persona equivocada." Le dijo a Dios que él no podía hablar en público, que no podía cumplir con el objetivo y le pidió a Dios que encontrara a alguna otra persona. Sin embargo, finalmente Moisés se rindió no sólo a Dios sino al ministerio sobrenatural que Dios le había puesto por delante.

En todas las Escrituras no se puede encontrar una declaración más concisa de humildad: Dios, no puedo hacerlo. Esta es la condición en la que Dios desea encontrarnos: no podemos hacerlo, pero en tanto confiemos en Él, Dios puede.

No cargues solo con ninguna preocupación;
tan sólo una es mucho para ti.
La obra es mía nada más;
la tuya es en mí descansar.

Hudson Taylor

Dios nos llama a tener esta actitud, a permanecer en esta posición de fe.

Dios nunca le dio a Moisés la libertad de dejar de confiar en Él. Nunca le dijo: "Bueno, Moisés, una vez confiaste en mí, así que yo sé que siempre lo vas a hacer." Por el contrario, la fe de Moisés fue desafiada una y otra vez. Cuanto más intensas se volvían las plagas,

mayor era la necesidad que tenía Moisés de confiar en
Dios. Cuanto más difíciles eran los desafíos a medida
que los israelitas dejaban Egipto, mayor era la confianza que se requería de Moisés. Cuanto más se pro-
longaban los años en el desierto, mayor era su
necesidad de confianza en Dios.

En el ministerio sobrenatural nunca llegamos a la
posición donde nuestra fe ya no sea desafiada. Una y
otra vez se nos llama a una posición de absoluta entrega, de absoluta confianza, de absoluto sometimiento y
de absoluto compromiso.

DIOS ES EL QUE DA PODER AL MINISTERIO SOBRENATURAL

¿Puede imaginarse cómo se habrá sentido Moisés
cuando escuchó cuál era el objetivo del ministerio de
Dios para su vida? *"¿Yo? ¿Un pastor de ovejas? ¿Ir a la
corte del faraón en la cúpula del poder que ha buscado
mi vida por haber matado a un egipcio, para decirle que
deje ir a todos sus esclavos? ¿Organizar a unos tres millones de personas para que abandonen el único hogar
que han conocido e ir a una tierra que jamás han
conocido?"* El objetivo de Dios para el ministerio de
Moisés era vasto y complicado.

No importa cuál sea el ministerio sobrenatural para
el cual Dios lo llame a usted, seguramente le parecerá
algo monumental. Esto es parte del plan de Dios. Él desea que dependamos totalmente de Él para lograr su
objetivo. Si pudiéramos llevar a cabo el ministerio por
nuestras propias fuerzas y de acuerdo con nuestra propia sabiduría, no necesitaríamos a Dios y el ministerio
no sería sobrenatural.

Dios le dijo claramente a Moisés: "Yo los voy a liberar." Moisés era quien debía hablar con el faraón, pero Dios era quien iba a liberarlos.

Dios envió a Moisés delante del faraón solamente con una cosa: la vara de pastor. La vara era un símbolo de la presencia de Dios. Moisés había sido despojado completamente de cualquier otra aptitud. Había sido reducido a una posición de completa confianza en Dios. Si Dios no obraba en la forma en que había prometido que obraría, entonces nada sucedería. La vara en la mano de Moisés era sobrenatural porque Dios la había hecho sobrenatural; los milagros que se desarrollaban cuando Moisés extendía la vara no tenían nada que ver con Moisés, salvo en que Moisés era obediente al hacer lo que Dios le decía que hiciera con la vara.

Moisés no convenció al faraón. No separó las aguas del mar Rojo. No proveyó la comida ni tampoco el agua. No marcó el camino a través del desierto. Dios lo hizo. Dios asumió toda la responsabilidad por todas las consecuencias de sus acciones y por todas las necesidades de las personas. Moisés solamente tenía que obedecer lo que Dios le decía que hiciera.

El ministerio sobrenatural imprescindiblemente sigue este modelo.

Nosotros podemos plantar la semilla, pero Dios es quien la hace crecer.

Nosotros podemos proveer los vendajes y los medicamentos, pero Dios es quien sana.

Nosotros podemos orar honestamente, pero Dios es quien hace el milagro.

Nosotros hacemos nuestra parte, pero luego Dios hace la parte que sólo Él puede hacer.

La logística para guiar a semejante cantidad de personas desde Egipto hasta Canaán era pavorosa. Moisés necesitaba motivarlos para que salieran. Luego, ¿qué me dice de la comida, del agua y de los suministros que se necesitaban para la larga marcha a través del desierto? ¿Qué me dice acerca de cómo transportar su equipaje? ¿Qué sucedería con el control de la multitud? ¿Qué me dice de los enfermos, de los rezagados, de los reticentes, de los rebeldes? Sin lugar a dudas la vida de un pastor en el desierto resultaba mucho más atractiva para Moisés cuanto más pensaba en la misión para la cual Dios lo había llamado. Pero Dios le dijo: "Yo estaré contigo. Yo haré que los ancianos de Israel te escuchen. Yo extenderé mi mano y heriré a los egipcios con todas las maravillas que realizaré delante de ellos. Luego de esto, el faraón te dejará ir. Haré que los egipcios tengan una disposición favorable hacia este pueblo, de tal manera que cuando se vayan no irán con las manos vacías" (véase Éxodo 3:12–22).

Dios nos dice lo mismo a nosotros cada vez que nos llama a un ministerio sobrenatural. Esto es lo que nos dice: "Yo soy quien lo haré. Yo voy a llevar a cabo la tarea. Tú harás lo que yo te digo que hagas y yo seré quien lleve a cabo la obra." La provisión y el poder para realizar aquello para lo cual Dios nos llama reside en Dios. Él imparte su poder a través de nosotros para lograr su objetivo.

EL MINISTERIO SOBRENATURAL AFECTA A OTROS

Solamente Dios pudo hacer madurar espiritualmente a Moisés. Esta misma afirmación también es válida para la vida de todos los israelitas en conjunto. Sólo Dios pudo desegipcianizar a esa gente. Con ese fin, Dios les dio la ley, se la enseñó, los guió a través del desierto, los protegió de sus enemigos y los alimentó con maná. Dios invadió cada aspecto de su vida, quebrantándolos una y otra vez como pueblo para que pudieran convertirse en un pueblo propio, diferente, un pueblo especialmente escogido para Él.

Al quebrantar a los hebreos, Dios los separó de todos los pueblos paganos, idólatras y adúlteros que los rodeaban, exactamente de la misma manera que lo había hecho con Moisés. Él los llamó a tener costumbres diferentes, a vestirse de una manera diferente, a tener un culto distinto y a tener un modelo de conducta diferente. Dios fue más allá y les ordenó a los israelitas que no se casaran o tuvieran ninguna clase de compañerismo con aquellos que no servían al único Dios verdadero y viviente. Dios les dio su propia forma de economía, su propio estilo de vida y su propio conjunto de leyes y mandamientos.

No fue por casualidad que Moisés viviera en el desierto durante cuarenta años y que luego los hijos de Israel vagaran por el desierto durante cuarenta años. Así como Dios había desegipcianizado a Moisés convirtiéndolo en su líder elegido para el pueblo hebreo, asimismo Dios estaba desegipcianizando a los hebreos convirtiéndolos en su pueblo elegido.

Dios le dio a su pueblo una señal de su presencia, tal como se lo había dado a Moisés. En el caso de los israelitas era una columna de nube durante el día y una columna de fuego por la noche.

Cuando los hijos de Israel finalmente llegaron a la tierra que Dios les había prometido, vieron la provisión total de Dios al derrotar a todos sus enemigos. El muro de Jericó se cayó al sonido de las trompetas y de los gritos de la gente. Dios trajo esta victoria de una manera en que toda la gloria era sólo para Él.

Todavía hay más. ¿Por qué quería Dios llevar a su pueblo a la madurez espiritual? Nuevamente, para que tuvieran un ministerio sobrenatural. Dios le había dicho a Abraham que a través de su familia, todas las naciones de la tierra llegarían a conocer a Dios. Ellos serían una luz para las naciones (véanse Isaías 42:6 y 49:6).

¡Qué meta tan tremenda era la que Dios había establecido para los hebreos! Una vez más, al igual que lo que había hecho en la vida de Moisés, Él puso delante de su pueblo un objetivo grandioso. Él dijo: "Si hacen lo que yo les digo — si están en completa obediencia a mí — yo los bendeciré . . . y haré de ustedes una bendición."

El propósito de Dios al quebrantarnos y llevarnos a un lugar de plenitud y de madurez espiritual es que Él pueda usarnos como herramienta para llevar a otros la plenitud y la madurez espiritual.

Él nos enseña para que podamos enseñar a otros.

Él nos imparte sus pensamientos para que podamos comunicarlos a otros.

Él nos consuela y nos alienta para que podamos dar consuelo y aliento a otros.

Nos da dones espirituales para ayudar a otros.

Nos da prosperidad financiera para que podamos beneficiar a otros y para proveer los medios necesarios para que el evangelio se extienda.

EL MINISTERIO SOBRENATURAL REQUIERE UN SACRIFICIO TOTAL

Los que son quebrantados llegan a una posición de abnegación total. Esta posición de sacrificio es crítica para nuestra capacidad de ministrar. El verdadero ministerio sobrenatural no es superficial ni de poca importancia. Requiere una gran profundidad de entrega, un compromiso total y una abundancia desbordante de amor interminable.

Una y otra vez, los israelitas se rebelaron contra Moisés, lo cual, en realidad, era rebelión contra Dios. En varias ocasiones, Moisés, al borde de la desesperación, dijo: "¿Qué voy a hacer con este pueblo duro de corazón y de cerviz?" Sin embargo, Dios nunca se dio por vencido con respecto a ellos, nunca se dio por vencido con respecto a Moisés, y le dio a él la fuerza para no darse por vencido con su propio pueblo.

No podemos tener un ministerio sobrenatural operando en nuestra vida si no estamos dispuestos a ser derramados en beneficio de otros. El ministerio sobrenatural nos llama a una entrega total de nuestro amor, de nuestro tiempo, de nuestra compasión, de nuestros dones y de nuestra lealtad. Significa estar en una posición en la cual no retenemos nada.

El deseo de Dios es que sirvamos, no que seamos servidos. Jesús enseñó claramente que el siervo es aquel que es el mayor. Nuestra vida debe ser de servicio.

Es cuestión de ser una vasija o un cubo de agua. Uno puede tener una preciosa vasija que vale mucho dinero y colocarla en un lugar prominente de la casa para que otros digan al pasar por allí: "¿No es preciosa?" O puede tener un viejo cubo de agua de cinco litros y utilizarlo para llevar agua que refresca a muchas personas sedientas. Lo mismo se aplica a nuestro ministerio. Algunas personas desean solamente ser hermosas, que las miren y las admiren por su belleza. Otras están dispuestas a ser viejos cubos de agua, llenos de Dios y vacíos de sí mismos, para poder ser utilizados en el servicio a los demás.

Debemos estar dispuestos a ensuciarnos.

Debemos estar dispuestos a arremangarnos y trabajar.

Debemos estar dispuestos a sacrificarnos.

Debemos estar dispuestos a atravesar tiempos tormentosos.

Debemos estar dispuestos a sufrir por los demás.

No podemos llegar a la madurez espiritual sin sufrimiento y sin dolor, y no podemos involucrarnos en un ministerio sobrenatural sin estar dispuestos a soportar aun más sufrimiento y dolor. El gozo puesto ante nosotros, sin embargo, es el gozo de saber que Dios está con nosotros, que Dios está obrando en nosotros y a través de nosotros, y que Dios se agrada de nosotros. No hay gozo más grande que este.

El ministerio de Moisés no fue fácil. Requirió mucho valor para ir una y otra vez ante la corte del faraón a anunciar otra vuelta más de juicio en contra de los egipcios. Moisés necesitó mucha fe para guiar al pueblo de Dios hasta el borde del mar Rojo, sabiendo que los ejércitos del faraón se estaban acercando rápidamente por la retaguardia y que no tenían una forma aparente de cruzar la masa de agua que se extendía delante de ellos. Moisés necesitó mucha paciencia para poder soportar la murmuración y las quejas del pueblo.

Si él no hubiera estado completamente quebrantado delante de Dios, no podría haber sobrellevado el ministerio sobrenatural que se le había puesto por
delante.

Usted y yo no podremos soportar el ministerio sobrenatural al cual Dios nos ha llamado si no permanecemos completamente rendidos y sometidos a Él. Dios
no nos conduce a un ministerio sobrenatural para que
podamos llevarlo a cabo por nuestros propios medios,
luchando una vez más por lograr grandes cosas en
nuestras propias fuerzas. ¡No! Él nos llama a continuar
rindiendo nuestra vida a Él, día a día, experiencia tras
experiencia, año tras año. Debemos *permanecer* en una
posición de absoluta entrega y compromiso.

Una vez escuché a un hombre decir: "Estoy satisfecho simplemente con haber sido salvado. Lo único que
quiero es estar dentro de las puertas del cielo."

¡Qué triste! pensé. *¡Qué desperdicio tan trágico!*
Dios no nos salvó solamente para que podamos entrar
por un pelo a su presencia o al cielo. Él nos salvó para
que podamos llegar a la madurez espiritual y ser usados por Él para que sus planes y propósitos se cumplan.
Las buenas noticias para nosotros son que el ministerio
sobrenatural es lo que da a nuestra vida un sentido de
propósito y de significado maravilloso, indescriptible y
solemne.

¿Cuántas personas a lo largo de su vida se preguntan una y otra vez, *¿Para qué estoy aquí? ¿Cuál es el
propósito por el cual estoy vivo?* La persona a quien
Dios ha quebrantado, que ha sido hecha completa y que
ha llegado a la madurez espiritual conoce la respuesta a
esta pregunta. ¡Estamos aquí para que Dios nos use

para llevar gloria a su nombre! Estamos aquí para que Dios nos llame a transitar senderos de ministerios sobrenaturales que harán cumplir sus planes para toda la humanidad. ¡Estamos aquí para que Dios nos bendiga de tal manera que podamos bendecir a otros!

Una vez que nos damos cuenta de la razón de nuestra existencia y comenzamos a caminar en ella, nadie tiene que insistir para que nos levantemos por la mañana. Casi no podemos esperar el momento de comenzar a trabajar con mira hacia los objetivos que Dios ha puesto delante de nosotros. Hay gozo en nuestros pasos, hay un sentimiento de esperanza en el corazón y existe el deseo de poner el hombro en la rueda y confiar en Dios con respecto a los resultados.

Pero primeramente, uno debe estar dispuesto a que Dios lo quebrante, lo cambie y lo haga crecer. Antes de que Dios pueda utilizarlo poderosamente, Él debe saber que uno está completamente rendido a sus pies.

SIETE

EL PROCESO DEL QUEBRANTAMIENTO

Desde el punto de vista de Dios, el quebrantamiento es un proceso muy sistemático. Nosotros solamente vemos el caos del quebrantamiento; sentimos el dolor, la confusión y la desorientación. Dios, en cambio, no reacciona ante las circunstancias de la vida. Él está completamente consciente de lo que nos está sucediendo aun antes de que nos suceda, y obra dentro de las circunstancias y a través de las mismas para lograr sus propósitos. Dios nunca pierde el control del proceso de quebrantamiento.

La vida del apóstol Pedro nos da una clara ilustración de los principios que Dios usa al quebrantar a una persona. Probablemente la escena más famosa en la vida de Pedro sucedió la noche antes de que Jesús fuera crucificado.

Pedro siguió a Jesús luego de que éste fuera apresado en el jardín de Getsemaní y luego llevado a la casa del sumo sacerdote. Mientras Pedro estaba sentado en el patio de la casa del sumo sacerdote, una sirvienta lo miró detenidamente y dijo: "Este hombre estaba con él." Pedro negó conocer a Jesús.

Un poco más tarde alguna otra persona lo vio y dijo: "Tú eres uno de ellos." Nuevamente Pedro negó cualquier clase de relación con Jesús. Sin embargo, alrededor de una hora después otra persona dijo: "Él estaba con Jesús."

Pedro respondió: "¡No sé de qué están hablando!" Al momento de esta tercera negación, un gallo cantó. Jesús había predicho que Pedro lo negaría tres veces antes de que el gallo señalara el amanecer del próximo día, y sucedió tal como Jesús lo había dicho (véase Lucas 22:54–62).

Pedro no era una persona común. Tenía muchos talentos y dones en diferentes aspectos. Los evangelios nombran a Pedro muchas veces más que a cualquier otro de los apóstoles. Su nombre se menciona en numerosos lugares en Hechos, así como en otros libros del Nuevo Testamento. Claramente era un líder entre los líderes. Junto con Santiago y Juan formaba parte del círculo más íntimo de Jesús, uno de los hombres en los cuales Jesús confiaba y con quien había compartido los momentos más intensos y dramáticos de su vida.

Pedro era un pescador, bastante impulsivo, obstinado, que hablaba sin rodeos y que era físicamente fuerte. En todo su ser se encontraba escrita la palabra autosuficiente.

Uno puede preguntarse por qué Jesús eligió a uno como Pedro.

Jesús eligió a Pedro por la misma razón que Dios nos elige a usted y a mí: Él ve todo lo que podemos ser.

Nos elige debido al potencial que tenemos para llegar a parecernos a Cristo. Jesús eligió a Pedro porque creía que había encontrado a un hombre a través del cual podría obrar. Tenía un propósito especial para la vida de Pedro, y volcó su ser en el de Pedro para prepararlo para el ministerio sobrenatural que Dios tenía para él. Al igual que todos nosotros, había áreas en Pedro que necesitaban ser quebrantadas para que pudieran ser refaccionadas y reconstruidas. Jesús estaba dispuesto a involucrarse en este proceso en la vida de Pedro. Por cierto, le dijo que cambiaría su nombre. Al cambiarle el nombre a Pedro, Jesús rompió la identidad del viejo Simón (nombre que tenía Pedro al momento en que Jesús lo llamó para ser un apóstol) y creó una nueva identidad. Simón el junco se encontraba en el proceso de convertirse en Pedro la roca.

Los siguientes cuatro aspectos clave en el proceso de quebrantamiento de Dios se aplican no sólo a la vida de Pedro, sino a la nuestra.

DIOS ELIGE EL ÁREA DE LA VIDA QUE SERÁ EL BLANCO DE SU ACCIÓN

Dios elige el área en la vida de cada uno de nosotros que necesita ser quebrantada.

Cada uno de nosotros tiene puntos fuertes y puntos débiles, y muy a menudo Dios elige como blanco lo que nosotros vemos como puntos fuertes en nuestra vida. ¿Por qué? Porque estamos mucho menos dispuestos a rendirle estos puntos fuertes. Cuando somos conscientes de nuestra debilidad, nos volvemos a Dios y le decimos: "Soy débil en esta área; por favor, sé tú mi fuerza." Pero en aquellas áreas en las que nos sentimos fuertes, decimos: "Bueno, esto puedo manejarlo por mi propia cuenta." No nos volvemos a Dios para buscar su ayuda y su control.

Por ejemplo, una persona que tiene un don especial en cuanto a la enseñanza o el hablar en público puede darse el lujo de ni siquiera buscar la ayuda de Dios si alguien le pide que enseñe una lección en la escuela dominical o que hable delante de un grupo de la iglesia. En cambio, es más probable que una persona que nunca ha enseñado o que siempre se ha sentido extraño al hablar delante de un grupo busque la ayuda de Dios si le dan alguna de estas tareas.

Cada uno de nosotros también tiene actitudes, hábitos y relaciones. Si alguna de esas actitudes, de esos hábitos o de esas relaciones está en contra de lo que Dios desea para nosotros, es un área que estará sujeta al quebrantamiento. Por ejemplo, Dios siempre estará en contra de la idolatría, la codicia, las adicciones y los prejuicios raciales.

Cada uno de nosotros tiene sus deseos. Si deseamos algo con tanta fuerza que nos lleva al punto de aferrarnos a eso y a considerarlo más valioso que nuestra relación con Dios, este deseo se convertirá en un blanco del quebrantamiento. Es posible que no nos demos cuenta rápidamente de cuáles son estos deseos. Una buena pregunta que podríamos hacernos sería: "¿En qué estoy pensando la mayor parte del tiempo?" Aquello que ocupa el centro de nuestros pensamientos y de lo que soñamos despiertos muy probablemente es un deseo. Si este deseo crece en nuestra vida al punto que supera el deseo de conocer mejor a Dios y de servirlo mejor, Dios no dudará en dirigirse hacia ese blanco.

En cualquier momento dado, Dios identifica el impedimento más devastador y potencialmente más dañino en nuestra relación con Él. Cuando Dios arranca de nosotros algo en lo que confiábamos o algo a lo cual amábamos profundamente, generalmente nos sentimos devastados. Lo que hizo que esta área se convirtiera en el blanco de lo que Dios tenía que arrancar de nuestra vida es el amor malsano que sentíamos hacia eso. No es que a Dios no le guste que confiemos en otras personas o que las amemos; ¡de ninguna manera! Lo que Dios no desea es que confiemos en otros o que los amemos más de lo que lo amamos a Él. Una y otra vez en las Escrituras encontramos la frase *Dios celoso*. Dios es celoso de nuestro afecto, nuestro amor, nuestro tiempo, nuestros deseos. Él desea ser la prioridad número uno en la vida.

Los celos son el deseo ardiente de poseer y proteger algo que nos pertenece legítimamente. Un esposo puede sentirse celoso cuando alguien intenta quitarle a su esposa porque ella es su legítima esposa. Una mujer puede sentirse celosa de aquellas mujeres que intenten quitarle a su esposo. Nos sentimos celosos cuando alguien intenta quitarnos algo que realmente nos pertenece.

La envidia es algo diferente. La envidia está relacionada con las posesiones o las relaciones que no nos pertenecen. Tenemos envidia cuando codiciamos o deseamos algo que realmente pertenece a otra persona.

Nosotros le pertenecemos a Dios. Él es nuestro creador. Somos la obra de sus manos, su creación; somos sus hijos. Él se siente celoso de cualquier cosa o de

cualquier persona que intenta separarnos de Él y tomar su lugar en nuestra vida.

Dios desea que confiemos completamente en Él. No
quiere que ninguna relación sustituya nuestra relación
con Él. Dios despedaza, rompe, destroza y quita de
nuestra vida cualquier cosa — generalmente cosas que
son muy queridas para nosotros, a las cuales nos aferramos fuertemente y que consideramos valiosas —
que nos separa de su amor o que forma una barrera entre nosotros y Dios.

Por lo general, sabemos qué área de nuestra vida
puede convertirse en un blanco para los tratos de Dios.
Tengo mis fuertes sospechas de que al haber leído este
libro hasta aquí, cada uno ha identificado algo en su
propia vida acerca de lo cual puede decir: "Esto es algo
alrededor de lo cual Dios probablemente ha trazado un
círculo como un blanco posible para el quebrantamiento." Sabemos cuándo algo impide el libre fluir del Espíritu de Dios en nosotros. Sabemos cuándo algo nos
impide que testifiquemos o que tengamos victoria en
nuestra vida diaria. Sabemos cuándo algo consume
nuestra atención, perturba nuestra paz o atrae nuestro
pensamiento como un imán. Con toda seguridad Dios
sabe cuándo esto sucede, ¡y lo sabe con mayor rapidez y
mejor que nosotros!

Jesús vio impedimentos serios en la vida de Pedro.

En Mateo 14, Jesús vino hacia sus discípulos, caminando sobre las aguas. Al verlo, sus discípulos se llena-
ron de miedo. Pedro dijo: "Señor, si eres tú, manda que
yo vaya a ti sobre las aguas."

Jesús le respondió: "Ven."

Pero cuando Pedro salió del bote y comenzó a caminar sobre las aguas hacia Jesús, quitó su mirada de Jesús y comenzó a mirar el viento y las aguas embravecidas. Se llenó de temor, comenzó a hundirse y clamó diciendo: "¡Señor, sálvame!"(versículos 22–30).

Jesús sabía que la naturaleza impetuosa y volátil de Pedro tendía a una fe profunda . . . o a un temor intenso. Él necesitaba quebrar la tendencia miedosa en la vida de Pedro para que pudiera seguirlo sin titubeos.

En Mateo 16 Jesús explica a Pedro y a sus otros discípulos que debe ir a Jerusalén, que sufriría muchas cosas a manos de los ancianos, de los sumo sacerdotes y de los maestros de la ley, y que lo matarían y al tercer día resucitaría. Pedro llevó aparte a Jesús y lo reprendió diciendo: "De ninguna manera esto te acontezca." Jesús dio media vuelta y le dijo: "¡Apártate de mí, Satanás! Eres un tropiezo para mí; no tienes en mente las cosas de Dios sino las cosas de los hombres" (versículos 21–23).

Jesús sabía que debía quebrar en Pedro aquel deseo de que las cosas se hicieran a su manera y no a la manera de Dios.

En Mateo 18, Pedro le preguntó a Jesús: "Señor, ¿cuántas veces perdonaré a mi hermano que peque contra mí? ¿Hasta siete?" Jesús le dijo: "No te digo hasta siete, sino aun hasta setenta veces siete" (versículos 21–22).

Jesús sabía que necesitaba quebrantar su actitud farisaica y presumida, reemplazándola por la interminable generosidad de Dios al perdonar.

En Juan 13, Jesús intentó lavar los pies de Pedro en el aposento alto. Pedro dijo: "No me lavarás los pies jamás." Jesús le respondió: "Si no te lavare, no tendrás parte conmigo" (versículos 6–8).

Jesús sabía que tenía que quebrar el orgullo de Pedro.

En Mateo 26, Jesús les dijo a sus discípulos: "Todos vosotros os escandalizaréis de mí esta noche; porque escrito está: Heriré al pastor, y las ovejas del rebaño serán dispersadas. Pero después que haya resucitado, iré delante de vosotros a Galilea."

Respondiendo Pedro, le dijo: "Aunque todos se escandalicen de ti, yo nunca me escandalizaré." Prometió morir junto con Jesús antes que negarle (versículos 31–35).

Jesús sabía que necesitaba quebrantar la presunción egoísta de Pedro de que él estaba por encima de lo que Jesús había profetizado.

En Lucas 22, vinieron hombres armados al jardín de Getsemaní para arrestar a Jesús. Judas lo traicionó con un beso. Pedro hirió al siervo del sumo sacerdote, cortándole la oreja, pero Jesús respondió a la situación diciendo: "¡Basta ya!" Tocó la oreja del hombre y lo sanó (versículos 47–51).

Jesús sabía que necesitaba enseñarle a Pedro que el reino de Dios no se establece por la fuerza sino solamente por el poder del amor.

Una y otra vez Pedro era quebrantado. Poco a poco, en una situación tras otra, Jesús actuó para pulverizar el orgullo, el egoísmo y la autosuficiencia de Pedro.

Él no hará menos que esto con nuestra vida. Dios señalará como blanco las áreas que nos impiden confiar en Él plenamente y rendirnos a Él completamente.

DIOS ACOMODA LAS CIRCUNSTANCIAS

De la misma manera en que las áreas que están sujetas a quebrantamiento responden a la voluntad de Dios, lo mismo sucede con las circunstancias que nos llevan a ser quebrantados.

¿Por qué caminó Jesús sobre las aguas? En parte porque estaba creando la situación en la cual le enseñaría a Pedro y a los otros discípulos a usar su fe para sobreponerse al temor.

¿Por qué lavó Jesús los pies a sus discípulos? En parte porque estaba creando una situación para confrontar a Pedro con su orgullo.

¿Por qué profetizó Jesús que sus discípulos negarían conocerlo? En parte porque estaba preparando la situación para confrontar a Pedro con su propia arrogancia.

Sin lugar a dudas, estas circunstancias terminaron siendo dolorosas para Pedro una y otra vez. Detengámonos a considerar la situación: Cada vez que Jesús daba un golpe de cincel para quitar el orgullo y la autosuficiencia de Pedro, lo hacía en público. Pedro se sentía humillado, en medio de una situación embarazosa. Pedro fue llevado al punto en el que lloró amargamente al reconocer que había negado a Jesús. Sufrió. Agonizó a causa de su fracaso y de su falta de confianza en Dios.

Cuanta mayor fuerza ponemos al confiar en algo, cuanto más fuertemente nos aferramos a algo, cuanto más intensamente amamos alguna otra cosa *en lugar de amar a Dios* . . . más probable será que las circunstancias que Dios use para quebrantarnos sean situaciones que nos hagan pedazos en público.

Dios prepara las circunstancias para nuestro quebrantamiento de dos maneras. Algunas veces, construye la situación que nos confrontará con aquello que Él desea cambiar en nuestra vida. Otras veces, Dios sencillamente nos permite seguir por el camino de pecado que hemos escogido. Nos da soga suficiente como para que nos enredemos.

Esto es especialmente cierto con respecto al pecado hacia otros. La persona que abusa de otras, finalmente verá su comportamiento expuesto ante los demás. La persona que se involucra en la pornografía o en un comportamiento sexual ilícito, a su tiempo sufrirá al ver salir a la luz ese comportamiento. La persona que malversa fondos o que voluntariamente tiene un mal manejo del dinero se encontrará tarde o temprano apresada. En estos casos, Dios no tiene que arreglar ninguno de los detalles que traerán como consecuencia la caída. Provocamos nuestra propia ruina.

Una vez conocí a un hombre que tuvo una aventura amorosa con su secretaria. Cuando la situación salió a la luz, se sintió desolado. Este hombre estaba acostumbrado a tener todas las situaciones bajo control, a tener sus emociones bajo control, a tener su carrera bajo control. Procurando mantener el absoluto control de su vida, muchas veces abusaba emocionalmente de las personas y las manipulaba para lograr lo que él quería. De repente, no pudo controlar las circunstancias. Su vida explotó ante su mismo rostro.

Dios está trabajando en su vida. No sólo está haciendo frente a su pecado sexual, sino también al intento de controlar su propia vida. No había rendido su voluntad a la voluntad de Dios. Por lo tanto el quebrantamiento de este hombre tuvo lugar públicamente, muy probablemente porque su costumbre anterior de manipular y controlar a la gente había sido muy pública.

Ya sea que Dios prepare las circunstancias para el quebrantamiento en nuestra vida o que sencillamente nos permita continuar construyendo las circunstancias propias que nos quebrantarán, a su tiempo llegaremos al lugar en el cual nos veamos obligados a decir: "Muy bien, Dios, lo haré a tu manera."

DIOS ELIGE LAS HERRAMIENTAS

Dios establece el blanco en el área que necesita ser quebrantada. Él arregla las circunstancias que nos conducen al quebrantamiento. Luego elige las herramientas con las cuales nos quebrantará.

A nosotros no nos gustan esas herramientas como tampoco nos gustan las circunstancias que Dios escoge para quebrantarnos.

Si yo pudiera elegir la herramienta que me gustaría que Dios usara para quebrantarme, le diría: "Dios, por favor, simplemente dame un libro. Muéstrame las dos páginas que hablan directamente de aquello que tú quieres que cambie, y yo recibiré el mensaje." Dios no ha obrado de esta manera en mi vida ni siquiera una sola vez.

En cambio, ha utilizado los comentarios hirientes o las acusaciones falsas de las personas, los informes negativos erróneos o a personas que han intentado manipular ciertas situaciones para su propio beneficio. Él ha utilizado grandes desafíos, que inicialmente parecieron ser abrumadores o potencialmente desoladores.

No elegimos las herramientas que Dios usa. Él es quien las escoge. De la misma manera en que no podemos decirle a Dios cuándo quebrantarnos, tampoco podemos decirle de qué manera debe hacerlo. La selección de métodos en sus negocios se encuentra totalmente fuera de nuestro control.

Desde hace muchos años, Dios está obrando para quebrantar a un hombre que conozco. La herramienta que está usando son los medios de comunicación. Los medios están constantemente acosando a este hombre por todo lo que dice y hace. Él piensa que esos medios están procurando fundirlo. En realidad, creo que es Dios que está tratando de cambiarlo. El orgullo en su vida le dice que está por encima de los medios de comunicación. Según él, ellos no tienen derecho a escudriñar su vida. No tienen derecho a sacar a la luz lo que él está haciendo. Su arrogancia y su autodeterminación están en contra de una total entrega a Dios.

Desconozco cuáles son las herramientas que Dios puede estar usando en la vida de usted para llevarlo al lugar en el cual pueda decir: "Dios, soy tuyo. No importa lo que me suceda, voy a confiar en ti y voy a hacer cualquier cosa que tú quieres." Puedo decirle lo siguiente con un cierto grado de seguridad: La herramienta será afilada, dolorosa e ineludible. No podrá escapar de ella. Se verá obligado a confrontar el área de su vida que necesita ser cambiada. Sencillamente no existe una manera mediante la cual podamos evitar hacer frente a la barrera que se levanta entre nosotros y nuestra confianza total en Dios.

¿Es la muerte una herramienta?

Quiero ser claro en este punto. *No* estoy diciendo que Dios matará a alguien a quien usted ama — a un cónyuge o a un hijo — para captar su atención. No creo que podamos siquiera decir que Dios mata a una persona para lograr que otra se someta a Él. En algunos casos, la muerte de un ser querido trae como consecuencia que una persona se acerque más a Dios, pero no creo que Dios provoque la muerte de una persona para lograr la sumisión en la vida de otro ser. ¿Por qué? ¡Porque Dios lo ama tanto a usted como a la otra persona! Él no permite la calamidad o la muerte en la vida de una persona para bendecir a otra.

Más aun, la muerte es el golpe final de Satanás. Él es quien trae la muerte. ¿Permite Dios la muerte? Sí, es parte de la maldición que todavía queda sobre la tierra a causa del pecado de Adán y Eva. Las Escrituras nos dicen que está establecido que los hombres mueran (véase Hebreos 9:27). Sin embargo, al mismo tiempo, Dios no es el autor de la muerte. Él es el redentor de la misma. Jesús es nuestra resurrección, no nuestro asesino.

Para el creyente en Cristo, sin embargo, la muerte no es una maldición. Es la transición hacia la presencia eterna de Dios. La muerte de un ser querido nos produce dolor porque nos estamos separando de alguien a quien amamos, pero la muerte no es algo definitivo para aquellos que creen en Cristo. Un día veremos a nuestros amados en Cristo de los cuales nos hemos separado, y nunca más nos separaremos de ellos. Jesús es la victoria sobre la muerte y la tumba. Su resurrección preparó el camino de nuestra resurrección.

Aunque no creo que Dios provoque la muerte para quebrantarnos, sí creo que algunas veces Él permite que perdamos algo muy importante para nosotros, aunque sea una relación con otra persona. La pérdida casi siempre forma parte del proceso de quebrantamiento.

¿Es el pecado una herramienta?

De la misma manera que no creo que Dios permita la muerte de una persona para obligar a otra a someterse, tampoco creo que Dios jamás inste a una persona a pecar para lograr la sumisión en otra. Por ejemplo, nunca diría que Dios hizo que un hijo entrara en la droga o que una hija se viera envuelta en aventuras sexuales prematrimoniales para quebrantar al hijo o a sus padres. Dios no es el autor del pecado. Él no nos tienta para que caigamos en pecado; Satanás lo hace. Dios no nos obliga a pecar; nosotros tenemos una voluntad libre para responder o para resistir a la tentación.

Al mismo tiempo, Dios sacará ventaja de nuestras debilidades, de nuestros pecados y de nuestras desobediencias — o de las de quienes están cerca de nosotros — para producir un cambio positivo en nuestra vida. Él nunca pierde una oportunidad para hacernos crecer y madurar.

Nuestro quebrantamiento afecta a otros

Debemos recordar que no somos quebrantados en privado o en un confinamiento solitario. Dios no nos quebranta en reclusión como si estuviéramos en una cápsula aislada. Cuando Dios nos quebranta, nuestro quebrantamiento afecta a otros que nos rodean. A su vez, el proceso de quebrantamiento en la vida de los demás puede afectarnos a nosotros.

Por ejemplo, si Dios quebranta a un hombre que ha permitido que su amor por su trabajo o su negocio esté por encima de su amor a Dios, y Dios elige quebrantarlo haciendo que su negocio fracase, la esposa del hombre y sus hijos se verán afectados por la quiebra del negocio. Aunque la esposa y los hijos no tuvieron nada que ver en lo que motivó el quebrantamiento en la vida de este hombre, no sólo se verán afectados por su quebrantamiento sino que Dios usará la situación para refinar su vida. Nada se desperdicia en el proceso de quebrantamiento. Cada persona que se ve afectada por el quebrantamiento de otra tendrá la oportunidad de enfrentarse con su propia madurez espiritual y con su propia falta de plenitud o de confianza en Dios.

Espero que recuerde lo que dije en el primer capítulo. Dios no ocasiona el quebrantamiento en nuestra vida porque es despiadado, cruel o malvado. Él no nos quebranta como consecuencia de algún deseo perverso de lastimarnos, mutilarnos o destruirnos. Dios nos está quebrantando para captar nuestra atención y para tratar con algún aspecto de nuestra vida que nos impida experimentar la plenitud de lo que Él ha planeado para nosotros.

Nuestros enemigos como herramientas

Probablemente la peor herramienta que Dios usa en nuestra vida para quebrantarnos — la peor desde nuestro punto de vista — es nuestro enemigo. Algunas veces Dios usará a nuestros enemigos para que nos persigan, y Él permite que mantengan la presión sobre nosotros hasta que haya conseguido captar toda nuestra atención y sumisión.

Oramos en contra del ataque de nuestros enemigos. Clamamos diciendo: "Dios, ¿por qué me tiene que suceder esto a mí? ¿Por qué no detienes a esta persona? ¿Por qué no tratas con mis enemigos?" Mientras tanto, durante todo este tiempo, Dios está permitiendo la persecución para llevarnos a una posición de absoluta confianza y dependencia.

Si alguien es un motivo de irritación continua para usted — tal vez alguien que permanentemente lo ridiculiza, lo contradice, lo provoca a pelea o le habla mal de usted a otros — pregúntele a Dios: "¿Qué estás tratando de enseñarme a través de esto? Por favor, muéstrame lo que estás queriendo refinar en mí."

Muchas veces Dios nos revela rápidamente lo que Él desea que aprendamos, que hagamos o en que debemos cambiar. ¡Él no trata tanto con nuestros enemigos como con nosotros mismos! Muchas veces, en cuanto llegamos a comprender lo que Dios procura quebrar en nuestro corazón, nuestros enemigos dejan de ser un problema.

Ahora bien, por favor, comprenda bien que no estoy diciendo que nuestros enemigos estén haciendo lo correcto. Es probable que estén actuando en contra de nosotros de una manera totalmente opuesta a los mandamientos de Dios. Tampoco he dicho que el enojo que sentimos hacia nuestros enemigos no sea natural. Lo que quiero decir es que Dios usa a nuestros enemigos como herramientas para sacar a luz algo bueno en nuestra vida. Una vez que se cumple su propósito en nosotros, Él se ocupa de nuestros enemigos, poniéndose a nuestro favor. Podemos confiar en que Él aplicará cualquier venganza que sea necesaria (Romanos 12:19).

Nuestra familia como herramientas

La familia es uno de los crisoles más importantes que Dios usa para pulverizar los rasgos que tenemos que no son parecidos a los de Cristo Jesús. No nos gusta cuando Dios utiliza a nuestro cónyuge para dar lugar a un mayor refinamiento en nuestra vida. No nos gusta cuando nuestros hijos nos señalan errores o se rebelan en contra de nosotros en maneras que nos obligan a comprender nuestra rebelión contra Dios.

DIOS CONTROLA LA PRESIÓN

Así como Dios elige el blanco, prepara las circunstancias y selecciona las herramientas para nuestro quebrantamiento, de la misma manera Él controla la presión bajo la cual nos encontramos. Él sabe exactamente cuánta presión es suficiente para quebrantarnos, cantidad que varía de una persona a otra.

Dios establece límites en nuestro quebrantamiento. Estos límites tienen en cuenta el tiempo que durará el quebrantamiento, el dolor y el sufrimiento que experimentaremos. Dios limita el dolor que hemos de sufrir.

Dios hace que el quebrantamiento llegue a su fin cuando se logra uno de estos dos puntos:

Primero, el quebrantamiento termina cuando nuestra voluntad está quebrantada y rendida a Dios en sumisión. En el momento en que uno se rinde totalmente a lo que Dios desea lograr en su vida a través del quebrantamiento, las circunstancias relacionadas con el quebrantamiento comienzan a revertirse y Dios comienza a retirar las herramientas que utilizó para quebrantarlo.

Segundo, el quebrantamiento termina cuando llega a una intensidad que podría dañar el propósito de Dios para su vida. Dios no permitirá que uno sea quebrantado o hecho pedazos al punto que no pueda involucrarse en el ministerio sobrenatural que Él ha preparado para uno. Esto sería completamente contraproducente. Su propósito es entrenarlo, moldearlo, refaccionarlo, no destruirlo.

La resistencia prolonga el proceso

La resistencia que oponemos al proceso de quebrantamiento divino, lo prolonga. Nuestra disposición a rendirnos enseguida lo acorta. Esta es la única área en el proceso de quebrantamiento en el cual podemos tener injerencia. No elegimos los blancos, no dictamos las circunstancias ni elegimos las herramientas, pero podemos, a través de una disposición de rendirnos a Dios, determinar cuán intensa será la presión y por cuánto tiempo continuará el proceso. Cuanto más rápido identifiquemos lo que Dios está haciendo en nuestra vida y nos rindamos a Él, mejor será para nosotros.

Cuando resistimos el proceso de quebrantamiento, Dios debe ajustar la clavija un poquito más fuerte, debe introducir el cincel un poquito más adentro y debe pulirnos con un poco más de fuerza.

Los que resisten a Dios por mucho tiempo no son destruidos; más bien por lo general se ven aplazados indefinidamente. Son ignorados. Permanecen sin ser usados. Se estancan en el nivel de crecimiento y de madurez espiritual. Permanecen en su estado imperfecto.

Una vez, una mujer me dijo:

— Hace años que no siento que Dios me use verdaderamente. Solía ser muy activa en la iglesia, pero en los últimos años parecería que cada vez estoy menos involucrada. ¿El Señor aún tiene algo para mí?

Le pregunté:

— ¿Cuándo fue la última vez que realmente sentiste que el Señor estaba tratando de cambiar algo en tu vida?

Ella contestó:

— Bueno, no estoy segura de que Él haya tratado de cambiar algo en mí alguna vez.

— ¿Alguna vez has tenido grandes problemas en tu vida, dificultades que parecían moverte el piso emocional, espiritual e incluso físicamente? — le pregunté.

— Oh, sí — me dijo —, pero yo seguí firme hasta el final.

— ¿Esos problemas cambiaron algo en ti? — le pregunté.

— No, me dijo con mucha decisión. He sobrevivido. No cambié ni un poquito. Nada me ha movido de mi posición.

— Probablemente ese sea el problema — le dije —. Mientras que te niegues a reconocer las maneras en las que el Señor desea hacerte crecer y cambiar, Él no podrá confiarte ninguna tarea. Él te ama tanto que no desea que permanezcas igual que siempre. Él desea que crezcas exactamente en la medida de la estatura de Cristo. Él tiene un propósito y un plan maravilloso para tu vida, pero Él no puede llevarte a la plenitud en tanto que te niegues a crecer y a cambiar en tu espíritu.

Quebrantados pero no destruidos

El propósito de Dios es quebrar nuestra voluntad, no nuestro espíritu. Su propósito no es destruirnos sino llevarnos a una posición de máxima plenitud y madurez en la cual Él pueda usarnos en su reino. Él desea que le rindamos el control de nuestra vida.

La última cosa que Pedro deseaba perder era el control. Él deseaba dictaminar si le lavarían los pies o no; deseaba decidir los términos a través de los cuales pudiera probar que Jesús realmente estaba caminando sobre las aguas, y la manera en la que Jesús se convertiría en el Mesías.

Nosotros somos como Pedro; cada uno tiene mucha dificultad para rendir el control. Siempre queremos tener la última palabra. El quebrantamiento es el proceso de Dios para llevarnos al punto en el cual no sólo no tengamos la última palabra, sino que tampoco tengamos nada que decir más que preguntar: "Señor Jesús, ¿qué quieres que yo haga?"

A Pedro le llevó tres años llegar al lugar en el cual estaba dispuesto a decirle a Jesús: "Sí, seré y haré lo que tú quieras. Te rindo el control a ti."

Luego de la crucifixión de Jesús, Pedro volvió a pescar. Una mañana, Jesús lo encontró en la playa y le dijo: "Pedro, ¿me amas?"

Tres veces Jesús hizo esta pregunta y tres veces Pedro le dijo: "¡Señor, tú sabes que te amo!"

Jesús le dio a Pedro una tarea muy específica para hacer: alimentar y cuidar a las ovejas (los seguidores de Jesús que necesitaban un pastor). Pedro finalmente se rindió completamente a lo que Jesús deseaba de él. El Señor le había dado como objetivo un ministerio sobrenatural, y en el día de Pentecostés, le dio el poder para llevar a cabo ese ministerio sobrenatural.

Escuche lo que finalmente escribió Pedro: "Dios resiste a los soberbios y da gracia a los humildes" (1 Pedro 5:5). Él estaba citando Proverbios 3:34 en su carta. Pedro conocía la veracidad de este versículo en su vida.

El siguiente poema habla del proceso de quebrantamiento que experimentó Pedro y que todos nosotros experimentamos:

Cuando Dios desea formar a un hombre,
conmover a ese hombre,
y también capacitar a ese hombre
para representar el papel más noble;
cuando Él anhela de todo corazón
crear un ser tan grande y audaz
que pueda a todo el mundo asombrar,
observa sus métodos; observa su obrar.
Con cuánta firmeza perfecciona
a quien en su beneplácito selecciona;
cómo Él martilla y lo hiere,
y con poderosos golpes lo convierte
en pedazos de arcilla complaciente
que sólo Dios comprende,
mientras su atormentado corazón clama
y suplicantes manos levanta.
Su ser se dobla sin romperse
cuando Dios su bien emprende.
Cómo usa al que Él escoge
y en el crisol de sus propósitos lo funde.
Con cada acto lo induce
a poner a prueba su esplendor;
Dios sabe lo que hace.

Autor desconocido

Dios no comete errores en el proceso de quebrantamiento. Él sabe precisamente cuáles son las áreas en nuestra vida que deben convertirse en un blanco. Él sabe cuáles circunstancias debe acomodar para quebrantarnos y cuáles herramientas debe usar. Él sabe cuánta presión podemos soportar. Él se ocupa en la tarea de perfeccionarnos.

La buena noticia es que Dios nunca hace algo que sea menos que perfecto en nuestra vida, si nosotros tan sólo nos rendimos a su voluntad.

OCHO

NUESTRA PROTESTA EN CONTRA DEL QUEBRANTAMIENTO

Muchas personas hoy creen que pueden escaparse de Dios, que pueden resistir lo que Él reclama de su vida y vivir a su manera. Creen que pueden pecar y escapar del castigo de Dios. Están equivocados.

Se debe pagar un precio por rebelarse contra Dios.

La rebelión no es algo que se limita a los que participan en marchas de protesta, que se involucran en el terrorismo, o que se escapan de su casa. Cada uno de nosotros tiene una veta de rebelión que pone de manifiesto a su manera. Todos atravesamos épocas en las que no deseamos renunciar a nuestros caminos, en las que no queremos rendirnos ni deseamos que Dios quebrante nuestra voluntad. Esta veta rebelde se resiente contra Dios y lo resiste.

El profeta Jonás rehusó dejar que Dios lo quebrantara; no quiso rendirse ante la voluntad de Dios.

Cuando Dios llamó a Jonás para ir a la ciudad de Nínive para reprender a la gente por su maldad, Jonás se fue a Jope y se subió a un barco con destino a Tarsis, una ciudad que se encontraba a unos mil kilómetros en dirección opuesta (véase Jonás 1:1–3).

Jonás no quería hacer lo que Dios quería que hiciera; entonces intentó huir y esconderse de Dios. Esta táctica no le dio resultado, ni tampoco da resultado en nuestra vida.

¿DE QUÉ MANERA PODEMOS HUIR DE DIOS?

Deténgase a considerar la futilidad de tratar de huir de Dios. ¿De qué manera puede huir de la presencia de Dios cuando todo lo que existe — todo lo que tiene vida, todos los lugares, no sólo en este planeta sino también en todo el universo — se encuentra ahora y para siempre en la presencia de Dios? Solamente una persona autoengañada puede pensar que es posible huir de Dios y escapar de su presencia. Huir de Dios es como querer huir de su propio corazón. Es imposible escapar y permanecer vivo.

Cuando Dios comienza a apretarnos la soga — a acorralarnos con circunstancias específicas — generalmente tratamos de escapar. Nos parecemos a Jonás. Es posible que no hayamos tenido el llamado a Nínive, pero en casi todos los casos de quebrantamiento, inicialmente procuramos resistirnos a ser o a hacer lo que Dios desea. Buscamos una forma de escape.

Permítame presentar el escenario de la historia de Jonás. Nínive era una gran ciudad ubicada a unos ochocientos kilómetros al nordeste de Jerusalén. Como capital del imperio asirio, Nínive era conocida por su belleza, esplendor, grandeza y poder. Los habitantes de Nínive eran guerreros feroces que tenían una reputación de torturar de manera atroz a quienes tomaban cautivos. En el tiempo de Jonás, los asirios se estaban tragando a las naciones pequeñas y los pueblos que estaban a su alrededor. El ataque a Israel era sólo cuestión de tiempo. Jonás lo sabía, y se las vio muy mal cuando Dios lo llamó para ir a semejante lugar para predicar el castigo de Dios que vendría sobre esta gente tan peligrosa.

En esencia, Dios le estaba pidiendo a Jonás que fuera a presentarse ante sus enemigos y que les predicara el arrepentimiento. Jonás deseaba ver que los habitantes de Nínive fueran castigados, no salvados (véase Jonás 4:1–3).

Jonás hubiera preferido morir antes de ver a sus enemigos arrepentirse de sus malos caminos y recibir el perdón de Dios. Jonás sentía tanta hostilidad hacia los asirios y estaba tan enojado con ellos que estaba dispuesto a desobedecer a Dios y a morir en su desobediencia. Se fue a Jope y compró un boleto hacia Tarsis, ciudad que generalmente se cree que estaba ubicada donde ahora se encuentra España.

¿Alguna vez Dios le ha pedido algo a lo cual usted haya respondido: "Señor, no lo voy a hacer", o "Lo haré después pero no ahora"? Algunas veces nuestra rebelión toma otra forma, al decir: "Yo sé lo que me estás diciendo que haga, pero creo que he encontrado una manera mejor de hacerlo." Si no estamos dispuestos a elegir obedecer a Dios explícita e inmediatamente, estamos en rebelión.

SU REBELIÓN TRAE UNA RESPUESTA INMEDIATA

Dios responde inmediatamente a nuestros actos de rebelión. Nos envía una tormenta, tal como lo hizo con la vida de Jonás. Ni bien había zarpado el barco de Jonás hacia Tarsis, se levantó una violenta tormenta y el barco en el cual navegaba estuvo a punto de hundirse. La tripulación comenzó a tirar cosas por la borda en un intento por alivianar el barco y salir de la zona de la tormenta. Jonás estaba durmiendo en el interior de la nave. Estaba haciendo todo lo que podía, no sólo para huir de Dios sino para hacerle caso omiso.

Finalmente el capitán se dirigió a Jonás y lo despertó diciendo: "¿Cómo puedes dormir? ¡Levántate y clama a tu Dios! Quizá él tendrá compasión de nosotros y no pereceremos." No existe mención alguna de que Jonás siquiera haya susurrado a Dios. La tormenta continuaba arreciando.

Cuando nos rebelamos contra Dios, otros vienen y nos preguntan lo que estamos haciendo. Si esto sucede en su vida, escuche a aquellos que intentan advertirle del peligro en el que usted se encuentra.

Hace poco escuché la historia de un hombre que comenzó a salir con una mujer poco tiempo después de la muerte de su esposa. Era una mujer que había tenido dos hijos extramatrimoniales y que se había casado y divorciado dos veces. Tenía reputación de una vida liviana. Cuanto más pasaba el tiempo y cuanto más seriedad adquiría el asunto, más se le acercaban sus amigos y parientes para decirle: "Ella no es la persona indicada para ti." Pero él hizo caso omiso de todas sus advertencias.

Un día esta mujer insistió en que él le diera la escritura de su casa como una señal de su amor por ella. Cuando él se negó a hacerlo, ella comenzó a gritarle y a golpearlo. Mientras trataba de defenderse y en el intento por controlar los brazos de la mujer que lanzaban azotes en su dirección, le causó algunos rasguños en los brazos. Ella llamó a la policía y lo arrestaron por atacarla.

Esto lo hizo volver en sí. Más tarde admitió: "Me encontraba en completa rebelión contra Dios. Dios me había dicho que no me involucrara con esta mujer, pero yo estaba enojado con Dios por la muerte de mi esposa, que había sido el amor de mi niñez y con quien había estado felizmente casado durante más de treinta años. Hice caso omiso del consejo de mis amigos cristianos y tuve que pagar el precio."

Afortunadamente, se arrepintió de su rebelión antes de que se produjera algún daño irreparable que lo afectara a él o a sus hijos.

La situación de Jonás no tuvo un cambio tan bueno. Los marineros finalmente llegaron a la conclusión de que la tormenta debía ser un castigo por culpa de alguien que se encontraba a bordo. Echaron suertes para ver quien era el responsable de la tormenta. Es muy probable que pusieran piedras dentro de una bolsa, una negra y todas las demás blancas. Cada persona debía sacar una piedra, y el que sacara la piedra negra sería considerado como el culpable. Como era de esperar, Jonás fue quien sacó la piedra negra. Los marineros le preguntaron: "¿Quién eres tú?"

Jonás respondió: "Soy hebreo y temo al Señor, el Dios de los cielos, que hizo el mar y la tierra."

Entonces los marineros le preguntaron: "¿Qué has hecho?" Jonás admitió delante de ellos que estaba huyendo de Dios.

"¿Qué debemos hacerte para que el mar se calme?"

Jonás dijo: "Tomadme y echadme al mar, y el mar se os aquietará; porque yo sé que por mi causa ha venido esta gran tempestad sobre vosotros" (véase Jonás 1:8–12). Aun frente a las aguas embravecidas y los vientos feroces, Jonás siguió resuelto a que prefería morir antes que predicar el mensaje de arrepentimiento a sus enemigos.

Los marineros no deseaban hacer lo que Jonás les había dicho. Hicieron todo lo posible para volver a tierra, pero el mar se embravecía cada vez más. Finalmente, clamaron al Señor pidiéndole que no les tomara en cuenta lo que estaban por hacer, y luego tomaron a Jonás y lo tiraron por la borda.

En las tormentosas aguas, había un enorme pez que, según dice la Biblia, Dios había preparado y estaba esperando a Jonás. No sé qué clase de pez era; bien pudo haber sido una ballena ya que existen ballenas lo suficientemente grandes como para tragarse un automóvil pequeño. El hecho es que Dios proveyó el gran pez para que se tragara a Jonás. Él permitió que Jonás viviera dentro de aquel pez. Por más que lo intentara con todas sus fuerzas, parecía que Jonás no se podía morir. Dios tenía un propósito para Jonás que aún no se había cumplido. Se encontraba en el proceso de quebrantar a Jonás, no de matarlo. Dios no lo quería muerto; ¡lo quería vivo y predicando en Nínive!

Al fin de tres días y tres noches dentro del gran pez, Jonás oró al Señor. Su oración fue la de un hombre que

se estaba rindiendo al quebrantamiento. Le declaró a
Dios que aquello que él había prometido, es decir, ser
profeta de Dios, eso haría (Jonás 2:1-9).

Jonás finalmente sometió toda su voluntad completamente a Dios. Se rindió totalmente. Y las Escrituras
dicen: "Y mandó Jehová al pez, y vomitó a Jonás en tierra" (Jonás 2:10).

Jonás fue a Nínive. Caminó por la ciudad durante
tres días proclamando: "Cuarenta días más y Nínive
será destruida."

Jonás no proclamó las palabras de Dios con amor.
Simplemente estaba obedeciendo. Había rendido su voluntad a Dios, pero no su actitud. Hablaba con ira, no
con compasión o misericordia. Estaba dispuesto a hacer lo que Dios le había dicho, pero en el fondo de su corazón, no quería ver a estas personas realmente
convertidas. Su motivación era mala aunque sus palabras eran las correctas.

La voluntad de Jonás había sido quebrantada y se
había sometido a Dios. Ahora Dios actuaría en contra
de la actitud de Jonás.

Los habitantes de Nínive, ante la consternación de
Jonás, recibieron su mensaje. Creyeron en Dios, decla-
raron un ayuno — desde el más grande hasta el más pequeño, todos ayunaron — y se cubrieron de cilicio en
señal de arrepentimiento. Hasta el rey de Nínive se levantó de su trono, se quitó las ropas reales, se cubrió de
cilicio y se sentó sobre el polvo. Decretó que ninguna
persona comería ni bebería, sino que en cambio se cu-
briría de cilicio y clamaría con urgencia a Dios. El rey
decretó:

Conviértase cada uno de su mal camino, de la rapiña que hay en sus manos. ¿Quién sabe si se volverá y se arrepentirá Dios, y se apartará del ardor de su ira, y no pereceremos?

Jonás 3:9

Dios estaba usando a los habitantes de Nínive como una herramienta en la vida de Jonás, pero también estaba usando a Jonás como una herramienta en la vida de los ninivitas. Sin embargo, a diferencia de Jonás, los habitantes de Nínive respondieron rápidamente al proceso de quebrantamiento de Dios. Se arrepintieron inmediatamente. Y la Biblia dice:

Y vio Dios lo que hicieron, que se convirtieron de su mal camino; y se arrepintió del mal que había dicho que les haría, y no lo hizo.

Jonás 3:10

Dios había logrado el quebrantamiento que esperaba en los habitantes de Nínive. Sin embargo, su obra en Jonás aún no había terminado. Jonás seguía deseando morir antes que vivir sabiendo que los ninivitas se habían arrepentido y se habían salvado. Permaneció enojado con Dios y con los habitantes de Nínive. Dios le preguntó: "¿Tienes algún derecho a estar enojado?"

Jonás no respondió a esta pregunta. En cambio, se sentó en un lugar al este de la ciudad y aguardó para ver qué pasaría. En un intento por tratar con Jonás, el Señor nuevamente le dio una lección: una calabacera creció rápidamente para darle sombra, pero luego, al amanecer del día siguiente, un gusano hirió a la calabacera y ésta se secó. Cuando el sol subió, comenzó a soplar un viento abrasador del este y el sol ardía con tanta fuerza que Jonás se sentía desmayar. En lugar de estar agradecido a Dios por la calabacera, o de rendirse a la lección del gusano y del viento abrasador, Jonás todavía dijo: "Mejor sería para mí la muerte que la vida."

Dios le preguntó nuevamente a Jonás: "¿Tienes derecho a estar enojado por lo de la calabacera?"

Jonás le replicó: "Sí. Estoy tan enojado que podría morir."

Aquella fue la palabra final de Jonás hacia Dios, al menos hasta donde nosotros sabemos. La historia termina cuando Dios habla diciendo:

> Tuviste tú lástima de la calabacera, en la cual no trabajaste, ni tú la hiciste crecer; que en espacio de una noche nació, y en espacio de otra noche pereció. ¿Y no tendré yo piedad de Nínive, aquella gran ciudad donde hay más de ciento veinte mil personas que no saben discernir entre su mano derecha y su mano izquierda, y muchos animales?
>
> Jonás 4:10

La Biblia no registra ninguna respuesta de Jonás. No tenemos ninguna indicación de que Jonás haya tenido un ministerio posterior. Aparentemente, Dios no pudo usar a Jonás hasta que no tuviera un cambio en su corazón, como así también una voluntad rendida. Y Jonás se negó a rendirse.

Este relato de Jonás no se limita a la historia bíblica, por supuesto. Es una historia que se repite una y otra vez. Justamente hace poco escuché la historia de un hombre a quien Dios llamó a predicar. Este hombre tenía un excelente trabajo dentro de una gran compañía, y decidió que predicaría un poquito a la par de su trabajo secular, pero que seguiría conservando su empleo altamente remunerado. Justificaba la situación

diciendo que utilizaría el dinero que ganara para soste-
nerse a sí mismo sin necesidad de pedir que ninguna
iglesia le diera un salario. Él había rendido su voluntad
sólo en forma parcial a la voluntad de Dios.

Este hombre perdió su trabajo y luego su familia.
Toda su vida se derrumbó a su alrededor. Finalmente
llegó al lugar donde dijo: "Lo haré a tu manera, Señor."
Dios le restituyó su familia. Se inscribió en un semina-
rio cuando tenía cerca de cuarenta años y luego salió a
predicar. Ahora siente mucha más satisfacción en su
vida que jamás había experimentado, aunque gana mucho menos dinero. Su esposa y sus hijos están felices y
lo apoyan. De acuerdo con lo que él mismo admite, por
primera vez su vida tiene *significado*.

¿Cuál es su respuesta ante Dios hoy? ¿Y ante sus
enemigos? ¿Y ante las situaciones que no se resuelven
de la manera que usted hubiera planeado y deseado?
Dios desea cambiar su voluntad y su actitud. ¿Está dispuesto a permitirle que lo haga?

LOS TRES LLAMADOS DE DIOS EN LA VIDA DE TODAS LAS PERSONAS

Dios le hace al menos tres llamados a cada persona.
En primer lugar llama a cada uno a la salvación y al
arrepentimiento de los pecados, a aceptar por fe que
Cristo Jesús derramó su sangre en el Calvario, reconociendo que su muerte en nuestro lugar fue expiatoria y
suficiente para otorgarnos el perdón de los pecados.

En segundo lugar, Dios nos llama a santificarnos o
separarnos del mal. Este es un llamado a una vida totalmente entregada a Dios a tal punto que el pecado no
reine más en nuestra vida. Es un llamado a permitir

que el Espíritu Santo viva dentro de nosotros para que nos guíe y nos ayude a resistir la tentación.

El tercer llamado que Dios nos hace, es un llamado al servicio. Este llamado puede ser a servirle dentro del hogar, en el mundo de los negocios, en el campo misionero, en algún área de servicio voluntario, o en muchas otras esferas. El llamado de Dios al servicio siempre es altamente personal y muy específico de acuerdo con los talentos, las habilidades, los dones y la disposición que la persona tenga para ser usada por Dios.

Algunas personas se rebelan al llamado a la salvación. Rechazan el mensaje del evangelio. Dios no puede llamarlos a santificarse o a servir hasta que primeramente no se hayan rendido al llamado a la salvación. Por lo tanto, la actitud de Dios hacia ellos es un llamado insistente, persistente y constante a la salvación. Los esfuerzos de Dios por quebrantar están todos dirigidos a lograr que esta persona acepte a Cristo Jesús y se arrepienta de su pecado.

Algunas personas se rebelan contra el llamado a la santificación. Han aceptado el perdón de Dios y se han convertido en su fuero más íntimo, pero se niegan a rendirse a la guía diaria del Espíritu Santo. Quieren continuar caminando en sus propios caminos mundanos, en lugar de caminar por los senderos por los cuales Dios desea que anden. Han aceptado a Jesús como Salvador pero no han tomado la decisión de seguirlo completamente como su Señor. Dios no puede llamarlos a un ministerio sobrenatural ni al servicio hasta que no se rindan a su llamado a la santificación. Él actuará sin descanso en su vida hasta que se rindan a Él. Todos sus esfuerzos en cuanto al quebrantamiento es-

tán orientados a llevar a la persona a que acepte el llamado a la santificación.

Algunas personas se resisten al llamado de Dios al
servicio o a un ministerio sobrenatural. Oyen que Dios
les dice: "Quiero que hagas esto." Y responden: "Sé lo
que tú dices, pero pienso que haré esto primero o en lugar de lo que me pides." Justifican su elección diciendo
que es una manera de lograr el mismo objetivo.

Una mujer que conozco escuchó que Dios le decía
muy claramente: "No debes trabajar. Debes permanecer en casa con tus tres hijos y criarlos. Puede ser que
tengan menos cosas, pero crecerán con más amor, más
gozo, más alegría y más disciplina. Este es mi deseo
para ellos y para ti".

Ella me dijo: "Pastor, me rebelé contra lo que Dios
me había dicho. Yo deseaba un ministerio fuera de mi
casa. Pensé que si tenía un gran ministerio en cualquier otro lugar, mis hijos me admirarían y desearían
servir a Dios. También pensé que podía ganar a otros
para Cristo al dar testimonio en el mundo de los negocios. Mis hijos tuvieron que soportar el peso de mi rebelión. Ahora son todos adolescentes o pre-adolescentes y
mi esposo y yo hemos tenido que observar cómo sus
amigos los han arrastrado a experimentar con cosas
que pueden traerles mucho daño. Renuncié a mi empleo, y decidí quedarme en casa con ellos. No puedo res-
tituir los años perdidos, pero espero que todavía pueda
tener un impacto sobre su vida."

Los que se rebelan contra el llamado de Dios a un
servicio específico nunca encuentran verdadera satisfacción ni experimentan la sensación de plenitud en la
vida que eligen para sí mismos. Si hay algo que debe-

mos aprender de Jonás es que Jonás fue un hombre privado totalmente del gozo. La rebelión no trae felicidad; sólo trae pesar, depresión, ira, amargura y frustración.

Una vez que Dios lo llama a hacer algo, ninguna cosa que uno pueda ofrecer como sustituto tendrá valor.

Dios nunca me ha dicho: "¿Te *gustaría* hacer esto o aquello?" Nunca me ha dicho: "¿Has *pensado* en hacer esto?" Ni siquiera una vez me ha dicho: "*Por favor*, ¿podrías hacer esto?" No. Dios es muy directo. Él dice: "He aquí lo que quiero que hagas." Su dirección es muy clara, absoluta e inconmovible.

LAS RAÍCES DE LA REBELIÓN

Nuestra rebelión hacia Dios tiene varias raíces.

El orgullo

La principal raíz de rebelión en nuestra vida es el orgullo. Cada vez que uno elige hacer algo por propia cuenta y se rebela contra el llamado de Dios, es como si estuviera diciendo: "Yo sé más que tú, Señor."

Cuando las personas se resisten al llamado de Dios a la salvación, están diciendo: "Yo sé más que tú, Dios, acerca de la salvación. Sé cómo salvarme aparte de Jesucristo. Conozco el camino a la vida eterna sin necesidad de Cristo."

Cuando las personas se resisten al llamado de Dios a la santificación, están diciendo: "Yo sé mejor que tú, Dios, de qué manera vivir en este mundo y aun así ser salvo. Sé tomar mis propias decisiones y resolver mis propios problemas. Sé definir la justicia mejor que tú."

Cuando las personas se resisten al llamado de Dios al servicio, están diciendo: "Yo sé cuál es el ministerio adecuado para mí. Sé cómo ser efectivo y cómo tener una vida significativa. Puedo definir mi propio destino espiritual."

En todos los casos, están equivocados. Dios ha provisto el camino a la vida eterna: Jesucristo. Jesús dijo: "Yo soy el camino, y la verdad, y la vida" (Juan 14:6). No dijo: soy *un* camino. Él dijo: soy *el* camino. Dios no sólo ha provisto el camino para nuestra salvación, sino que también, a través del ministerio del Espíritu Santo, nos ha dado los medios para la santificación y para la guía diaria. Cuando nos resistimos a los métodos y a los medios de Dios y elegimos nuestro propio camino, nos encontramos en una rebeldía orgullosa.

El temor

Una segunda raíz clave de nuestra rebeldía es el temor. Es muy probable que Jonás haya sentido temor de ir a Nínive. Los habitantes de Nínive eran idólatras, perversos y viles. Eran peligrosos. Es probable que Jonás haya temido una gran persecución ya que era un hebreo caminando a través de las calles de Nínive hablando acerca de Jehová, el único Dios verdadero, a personas que eran enemigos de los israelitas y que creían en muchos dioses. Evidentemente, temía que Dios excusara a los ninivitas. Es posible que haya temido que Él los excusara y luego los permitiera avanzar contra los israelitas para quebrar algo en la vida del propio pueblo de Dios.

El orgullo y el temor son dos de las principales raíces de rebelión en nuestra vida hoy.

Pregúntese: *¿Por qué* me estoy resistiendo a lo que yo sé que Dios me está pidiendo que haga, que abandone o que cambie?

¿Qué es lo que usted teme? ¿Qué forma está adquiriendo el orgullo en su rebeldía?

Cuanto mayores sean las fuerzas del orgullo y del temor en su vida, tanto mayor será su tendencia a la rebeldía.

La fuerza de la voluntad

Aquellos que tienen mucho orgullo tienen personalidad fuerte. Poseen una voluntad enérgica. En términos generales, pueden soportar una gran dosis de crítica y de rechazo, pueden salir adelante sin ser muy amados y pueden abrirse paso a través de las crisis resoplando como toros. Tienen suficiente autodeterminación, persistencia y confianza en sí mismos como para continuar en rebeldía por más intensa que sea la presión.

Fuerza mental

Otros tienen una mente muy fuerte. Son muy astutos, y saben cómo manipular su propio camino o abrirse paso a través de las situaciones. Pueden imaginarse cómo librarse a sí mismos, incluso del proceso de quebrantamiento de Dios. Cuanto mayor es la presión que Dios aplica a su vida, tanto más se esmeran en elaborar su propio plan alternativo. A pesar de todo lo que Dios hace, ellos siguen adelante, entretejiendo un modelo un tanto errático de rodeo tras rodeo.

Con el tiempo, cada uno de nosotros llega al final de su habilidad mental, emocional y espiritual para manejar la vida. Este momento puede llegar en el lecho de muerte. Con toda seguridad llega en el momento de la muerte misma.

El deseo de Dios es que nos enfrentemos a nuestro orgullo y a nuestro temor y le digamos: "No puedo imaginarme la vida basada en mis propios recursos. No puedo manipular mi camino hacia el gozo genuino, hacia la esperanza o la satisfacción. Te necesito en mi vida, Señor. Confío completamente en ti para que hagas conmigo lo que sea verdaderamente significativo e importante."

EL INTENTO DE MINIMIZAR LA REBELIÓN

Prácticamente todos nosotros, en algún momento, hemos intentado minimizar nuestra propia rebelión. Encontramos muchas maneras para justificar nuestras decisiones.

Algunas veces, echamos la culpa a los demás por la presión que estamos sintiendo o por el quebrantamiento que estamos experimentando. Nos decimos: "No me encontraría en este lío si tal persona no me hubiera hecho mal. No me sentiría de esta manera si aquella persona no me hubiera causado todos estos problemas."

Otras veces, echamos la culpa a las circunstancias pasadas o presentes. Decimos: "Bueno, me criaron de esta manera; por lo tanto es la única manera que conozco de vivir y responder. Dios conoce mi pasado, así que Él sabe que voy a responder de esta manera."

Seguimos justificándonos, corriendo y rebelándonos. Por cierto, cuando una persona se justifica constantemente y culpa a los demás, esto es una señal segura de que se está resistiendo al quebrantamiento y que se encuentra en rebelión.

Conozco a una mujer que fue a ver a un consejero cristiano en varias ocasiones, y cada vez que el consejero le decía: "Esto es lo que dice la palabra de Dios", ella miraba el pasaje en las Escrituras y luego respondía con una serie de "peros". Finalmente no quiso ver más al consejero. A ella no le gustaba lo que él tenía que decir porque realmente no deseaba oír la verdad. Lo único que deseaba era contar su propia historia. Esto es rebeldía en acción.

La respuesta correcta es la confesión: "Estoy en rebeldía contra Dios." Cuanto antes lleguemos a esa conclusión y nos enfrentemos a la realidad de nuestro comportamiento, tanto más rápido veremos la resolución de nuestro quebrantamiento.

EL ALTO COSTO DE LA REBELDÍA

¿Cuánto le costó a Jonás su rebeldía? Le costó lo mismo que nos cuesta a nosotros:

La pérdida de la familia. Jonás fue separado de su gente. Compró un boleto con la intención de mudarse a mil kilómetros de distancia de su gente. Inevitablemente, nuestra rebelión nos hará perder relaciones con los que más amamos. Al escoger huir a Tarsis, Jonás también experimentó la . . .

Pérdida del trabajo. Cualquiera que fuera el oficio de Jonás, al parecer estaba dispuesto a abandonarlo y emprender una vida desconocida en una tierra extranjera.

Pérdida de ingresos. Con la pérdida de su carrera, Jonás también perdió sus ingresos. Y no sólo eso, sino que también experimentó . . .

Pérdida de dinero o de posesiones. Sin duda alguna, la compra del boleto hacia Tarsis le costó a Jonás una suma grande. Cuando la tripulación tiraba por la borda toda la carga, es muy probable que Jonás también haya perdido cualquier posesión terrenal que tenía a bordo. Aun cuando no las hayan arrojado en aquel momento, Jonás perdió todas sus posesiones terrenales cuando lo arrojaron por la borda.

Jonás no sólo experimentó pérdidas materiales, tangibles y de relaciones, sino que también experimentó...

Una conciencia culpable. Jonás sabía que estaba desobedeciendo a Dios.

Alejamiento de Dios. Jonás se puso en una posición en la cual estaba fuera de la comunión con Dios.

Toda la experiencia de la tormenta y de estar tres días y tres noches en el vientre de un pez debe de haber sido terrible. ¿Se puede imaginar el hedor dentro del vientre del pez? ¿Puede imaginarse la desesperación por la falta de oxígeno, la lenta degeneración que sentiría una persona en su propio cuerpo?

Todas estas pérdidas involucran a otras pérdidas, pero Jonás también experimentó una gran...

Atadura emocional. La ira, el odio y la amargura siempre nos crean ataduras. Cuando sentimos estas emociones hacia otros, nos convertimos en prisioneros de nuestras propias emociones. El resentimiento nos devora de la misma manera. Empaña la visión que podemos tener del futuro, enfría el entusiasmo que tenemos por la vida y nos arranca el gozo. La amargura bloquea nuestra capacidad de amar y de recibir amor. El enojo y el odio oscurecen nuestra fe. Jonás se encontraba en una gran conmoción emocional. Su actitud devoró su corazón de la misma manera en que el gusano devoró la calabacera que Dios le había provisto para tener sombra. Hizo que se marchitara en su fuero interior.

Aunque no sabemos nada acerca de la familia de Jonás, podemos suponer que ellos también sufrieron como resultado de la rebeldía de Jonás. Las familias y los seres queridos de aquellos que se rebelan siempre sufren de una manera u otra.

Ninguno de nosotros puede rebelarse contra Dios sin pagar un precio terrible. Si continuamos en la rebelión, con el tiempo Dios nos dirá: "Muy bien, tú ganas, pero pierdes." Dios nos aplazará definitivamente en el estado que nosotros hemos elegido para nosotros mismos.

Si hemos elegido no aceptar el llamado de Dios a la salvación, permaneceremos en el estado de personas no salvas, o sea, perdidas.

Si hemos escogido no aceptar el llamado de Dios a la santificación, permaneceremos en esa área, luchando continuamente contra la tentación y contra las consecuencias de nuestras elecciones equivocadas, de las malas decisiones y del pecado.

Si hemos elegido no aceptar el llamado de Dios al servicio, permaneceremos indefinidamente en esa área, insatisfechos y luchando para encontrar el significado y el propósito genuino de la vida.

La rebelión pone fin a nuestro crecimiento. Nos roba la plenitud. Nos corta la capacidad de madurar espiritualmente.

CÓMO ORAR POR LA PERSONA QUE ESTÁ EN REBELDÍA

Cuando sentimos que una persona está en rebeldía, nuestra oración debería ser: "Dios, envíale a esta per-

sona suficientes problemas para que se vuelva a ti."
Esta no es una oración para que Dios mate a esa persona o la destruya. Esto no es lo que Dios desea, y no debe
ser lo que nosotros deseemos, pero podemos orar para
que Dios los conduzca a circunstancias y situaciones
que quebranten su voluntad y los traigan al punto en el
que se rindan a Él. Esto es en última instancia para su
beneficio, por lo tanto es algo bueno por lo que podemos orar.

No oramos pidiendo el mal para la vida de una persona porque deseemos venganza o para verla sufrir por
algo que nos ha hecho a nosotros. Más bien, nuestra
oración para que sean quebrantados es una oración
que apunta a que ellos sean puestos en una posición en
la cual puedan recibir gran bendición.

Cuando una persona está siendo quebrantada, no
debemos venir muy rápidamente en su auxilio para
darle consuelo o para intentar quitar el dolor. Al hacerlo, estaremos interponiéndonos en el camino de Dios.
Nuestra oración debería ser la siguiente: "Señor, sé
que no mandas ni demasiado ni muy poco a la vida de
una persona. Abre sus ojos para que pueda reconocer
que estás obrando para su propio bien. Muéstrame lo
que debo hacer y decir para que pueda hablarle la verdad en amor. Guía mis acciones para que no me inter-
ponga en tu camino."

Gran número de personas ha venido a mí pidiéndo-
me que ore por ellos para que Dios quitara ciertas circunstancias de su vida. La conversación generalmente
es la siguiente:

— Usted cree que Dios sabe lo que está sucediendo
en su vida?

— Sí.

— ¿Cree que Dios lo ama?

— Sí.

— Entonces esto es lo que vamos a orar. Vamos a orar para que usted se rinda a la voluntad de Dios de tal manera que sea lo que fuera que Dios quiera hacer, que usted le dé lugar para que Él cumpla sus propósitos. Oraremos para que Dios lo fortalezca y lo sostenga para que pueda salir de esta experiencia más fuerte, mejor y espiritualmente más maduro que antes. No vamos a orar pidiendo un escape, sino para que la gracia de Dios abunde en su vida para que pueda hacer frente a esta situación con valor. Vamos a orar para que usted pueda confiar completamente en que Dios está obrando en esta situación para su bien.

LA PÉRDIDA DE LA BENDICIÓN

La rebelión, si persiste, finalmente hace que perdamos la bendición que Dios desea para nosotros. Nos impide recibir la plenitud que Dios ha planeado para nosotros. Podremos experimentar un poco de amor en la vida, pero nunca conoceremos la arrolladora maravilla del amor incondicional de Dios. Podremos tener una pequeña esperanza en la vida, pero nunca conoceremos cabalmente la esperanza de gloria a la cual hemos sido llamados.

La resistencia hacia Dios nos impide experimentar la plenitud del poder, la sabiduría y la presencia de Dios. Nos impide recibir su bendición. Decirle que no al llamado de Dios en nuestra vida implica un precio demasiado elevado para pagar.

NUEVE

LA PREPARACIÓN PARA LLEVAR MUCHO FRUTO

¿Quién es Dios? ¿Cuál es el concepto que usted tiene de Él?

La mayoría de las personas que conozco responde rápidamente a esa pregunta con las siguientes descripciones: creador, Señor, el todopoderoso, Padre celestial. Otros pueden decir: "Él es el poder supremo, el de arriba, la fuente."

Jesús utilizó muy pocas frases descriptivas al referirse a Dios el Padre. Una de ellas se encuentra en Juan 15:1: "Yo soy la vid verdadera, y mi Padre es el labrador." Esta palabra *labrador* habla de aquel que cuida la viña.

Jesús prosigue diciendo lo siguiente acerca de Dios el Padre:

Todo pámpano que en mí no lleva fruto, lo quitará y todo aquel que lleva fruto, lo limpiará, para que lleve más fruto. Ya vosotros estáis limpios por la palabra que os he hablado. Permaneced en mí, y yo en vosotros. Como el pámpano no puede llevar fruto por sí mismo, si no permanece en la vid, así tampoco vosotros, si no permaneceis en mí. Yo soy la vid, vosotros los pámpanos; el que permanece en mí, y yo en él, éste lleva mucho fruto; porque separados de mí nada podéis hacer . . . En esto es glorificado mi Padre, en que llevéis mucho fruto, y seáis así mis discípulos.

Juan 15:2–5, 8

Dios nos poda, y lo hace con un propósito muy específico: para que lleguemos al punto en nuestra vida en el cual llevemos mucho fruto.

Este pasaje se hace eco de lo que Jesús dijo en Juan 12:24: "De cierto, de cierto os digo, que si el grano de trigo no cae en la tierra y muere, queda solo; pero si muere, lleva mucho fruto." El fruto en las Escrituras es de dos tipos: el fruto interior de las cualidades de carácter y el fruto exterior de las obras que hacemos para llevar gloria a Dios y para extender su reino.

EL FRUTO INTERIOR DEL ESPÍRITU SANTO

El fruto interior que debemos dar no es un fruto que nosotros hagamos crecer. Es el fruto que se produce en nosotros mientras permanecemos fieles al Señor Jesús o, como dijo Jesús, mientras permanecemos unidos a la vid. Cuanto más cerca del Señor caminemos, momento a momento, confiando en el poder del Espíritu Santo para que obre en nuestra vida y a través de ella, tanto más desarrollaremos este fruto. No podemos adquirirlo de ninguna otra manera que no sea caminando cerca del Señor, obedeciendo su guía y dirección diariamente.

Por lo tanto, el fruto es *su* fruto. Pablo lo expresa claramente en Gálatas 5:22,23 al escribir: "Mas el fruto del Espíritu es amor, gozo, paz, paciencia, benignidad, bondad, fe, mansedumbre, templanza."

El quebrantamiento es el proceso de poda que Dios usa para producir el fruto interior: que nos parezcamos a Él.

Su obra en nosotros

Muchos de nosotros deseamos que Dios haga determinadas cosas por nosotros. Nuestras oraciones están llenas de peticiones para que Dios supla nuestras necesidades ¡al instante! Una buena parte de la teología que escuchamos hoy es egoísta y está centrada en la búsqueda de algo personal. "Dios, quiero que me sanes. Dios, quiero que me prosperes. Bendíceme. Protégeme. Haz esto y aquello otro por mí."

Dios es quien está en el centro del universo, no nosotros. Requiere que lo sirvamos. No es nuestro muchacho de los mandados. Es el Señor Dios todopoderoso. Somos muy atrevidos cuando demandamos que Él haga nuestra voluntad. La relación adecuada con Dios es aquella en la cual nosotros nos disponemos para hacer su voluntad.

Con toda certeza, Dios es nuestra vida. Sin Él, no tenemos vida, ni en esta tierra ni en la eternidad. Jesús dijo que Él vino para darnos vida y para dárnosla en abundancia. Nuestra vida fluye de Dios, pero su vida que fluye en nosotros incluye su carácter y su voluntad.

Cuando miramos a Dios de cualquier otra forma, caemos en idolatría. Cuando no buscamos la presencia de Dios para nuestra vida, y cuando esperamos que Dios haga por nosotros lo que queremos, no estamos adorando a Dios tanto como estamos exaltando la provisión de Dios. Estamos dando culto a las cosas materiales.

Renunciemos a nuestros ídolos

La idolatría puede adquirir formas sutiles. Lo último que queremos es ser idólatras, pero cuando Dios nos quebranta descubrimos que le hemos adjudicado demasiado valor a ciertas posesiones o relaciones.

Una vez me deshice de todo mi equipo de fotografía. Primero prometí hacerlo, pero luego llegó el día en que hice realidad la promesa y lo vendí. Ahora bien, a mí me encanta tomar fotografías. A través de los años había invertido mucho dinero en cámaras de primera calidad y en diversos equipos fotográficos. Sin embargo, en nuestra iglesia estábamos experimentando una necesidad que requería fondos adicionales. Mi ofrenda personal incluyó la posesión que más quería y cuidaba.

Esta dádiva fue dolorosa. Por más que quería conformarme a la idea de lo que sería mi ofrenda, en el momento de hacerlo, es decir, el día en que llevé mis cámaras al negocio de fotografía y las convertí en dinero, fue muy duro. Sin embargo, algo dentro de mí se había quebrado. Experimenté un alivio en mi espíritu, una renuncia a la manera fuerte en que me aferraba a esta valiosa posesión. Rápidamente pude ver cómo Dios estaba obrando. No sólo usó mi ofrenda para ayudar a resolver la necesidad en la iglesia, sino que también la usó para resolver algo en mi interior. Pudo abrir mi puño que se aferraba a esta sustancia material y tangible que yo consideraba tan importante.

Pasando el tiempo, una vez que yo había entregado verdaderamente mis cámaras al Señor y me había rendido en esta área de mi vida, Él obró de una manera soberana devolviéndome mis cámaras y mi equipo. Un día, un par de meses más tarde, contesté al llamado de la puerta de mi casa y me encontré con una mujer de pie allí con dos bolsos. Me preguntó: "¿Usted es el doctor Stanley?" Cuando le dije que sí, dejó los bolsos en el suelo, se dio media vuelta y se marchó. Abrí los bolsos y allí me encontré con todo mi equipo de fotografía. Llamé al dueño del negocio donde yo había vendido mi equipo y él me dijo simplemente: "Una persona que desea permanecer en el anonimato compró el equipo y me pidió que se lo devolviera a usted." En mi corazón, yo sabía que las cámaras y los equipos no eran solamente un regalo de esta persona anónima; ¡eran un regalo de Dios!

He visto este mismo principio en acción en la vida de innumerable cantidad de personas. Cuando renunciamos a algo a lo cual nos estamos aferrando y que consideramos como algo más valioso que nuestra obediencia a Dios, a menudo Él nos da algo a cambio que es aun más valioso o beneficioso para nosotros. Algunas veces, no siempre, es exactamente la misma cosa a la que renunciamos. Otras veces, es algo diferente pero mejor.

He visto cómo sucede esto en las relaciones. Una mujer o un hombre saben delante de Dios que deben renunciar a una relación que valoran mucho. Dios los ha hecho ver claramente que deben cortar el noviazgo, que no deben casarse con cierta persona. Ellos sienten un gran dolor. Sienten una inmensa pérdida de amor, pero una vez que han rendido su voluntad a la voluntad de Dios y que realmente han renunciado a esta persona en su corazón, Dios se mueve para proveerles una relación que es mucho mejor y mucho más satisfactoria que aquella que perdieron.

En la nueva relación, Dios retiene el primer lugar en la vida de la persona. Se establece el orden correcto del amor. Algunas veces, la persona que Dios les devuelve es la misma persona a la que habían renunciado. Otras veces, es una persona diferente. Algunas veces Dios guía a la persona a que se quede soltero y entonces descubre que esta clase de vida es muy satisfactoria. La clave es la siguiente: La relación debe permitir que Dios sea el principal receptor de amor. Esto es lo que Dios quiere hacer por medio del quebrantamiento.

En la situación con las cámaras, yo podría haberlas rendido físicamente sin hacerlo de corazón. Podría haber suspirado por ellas, o sentirme resentido por la pérdida, o podría haberme consumido por un deseo terrible de reemplazarlas. Esto no habría sido una verdadera entrega.

Lo mismo es verdad para cualquier persona que rinde algo de valor, incluyendo ciertas relaciones. Una persona puede renunciar a aquello que sabe que Dios le está pidiendo y sin embargo puede suceder que no renuncie a ello en su corazón. Puede suspirar por el objeto o la persona que ha perdido. Puede seguir lamentando la pérdida por muchos años. Si Dios te ha pedido que rindas algo, ¡ríndelo! Ríndelo literalmente, y ríndelo en tu corazón.

Dios es nuestro todo en todo

El quebrantamiento nos lleva al punto en el cual podemos decir: "Lo único que me importa es Dios y su presencia en mi vida." Cuando llegamos a este punto, estamos en sumisión. Estamos deseando que Dios produzca el fruto interior en nosotros, no el fruto exterior que podamos mostrarles a nuestros amigos, del cual nos podamos jactar o que podamos mostrar como un símbolo de *estatus* social. Las bendiciones más grandes de Dios para nosotros son las bendiciones interiores, y por encima de todas ellas se encuentra la bendición de un carácter parecido al de Cristo.

Muy pocos nos levantamos en la mañana pensando en Dios y en lo que Él quiere hacer en nosotros y a través de nosotros. Nos levantamos con una lista de cosas que nosotros queremos hacer. Nos levantamos pensando en nosotros mismos, en nuestras necesidades, en las citas que tenemos con otras personas, en nuestros planes, en nuestros deseos. El quebrantamiento de Dios está orientado a llevarnos al punto en el cual nos despertemos con los propósitos de Dios en la mente. Nuestra oración debería ser: "¿Qué quieres que yo haga, diga o sea en el día de hoy para llevar gloria a tu nombre?"

Desarrollemos el carácter de Cristo

El fruto del Espíritu que Pablo detalla es una descripción del carácter de Cristo Jesús. Debemos procurar parecernos a Él. Su carácter está marcado por . . .

El amor. El amor como sacrificio es el sello del carácter de Cristo. El amor es dar, y luego dar más y después dar aun más. A menos que se quebrante nuestra naturaleza centrada en sí misma, orgullosa y que espera ser servida, no podemos dar esta clase de amor.

El gozo. Una persona en la cual no se ha quebrado el dominio mortífero que el pecado ha tenido sobre su vida no puede experimentar el verdadero gozo. Nuestra salvación nos produce gozo. Cada vez que Dios nos quebranta, el pecado es vencido en nuestra vida, y como resultado recibimos el gozo. Las personas a quienes Dios quebranta genuinamente conocen un gran gozo.

Las personas que todavía procuran hacer las cosas a su manera están atadas a la torpeza humana, a los fracasos y a la debilidad humana. Se sienten frustrados, envidiosos de los demás y sienten que tienen que competir. No tienen gozo; pueden tener momentos de felicidad, de una emoción superficial, pero no del gozo profundo a nivel espíritual.

Aquellos que han sido quebrantados experimentan el gozo de la esperanza, el gozo de decir: "Casi no puedo esperar para ver lo que Dios hará hoy." Cuando Dios se encuentra en completo control de nuestra vida, la misma se convierte en una aventura.

La paz. El quebrantamiento produce la paz de Cristo, una paz que penetra en nuestra personalidad. Cuando sometemos nuestra vida completamente a Cristo, estamos diciendo: "Dios, te pertenezco. Haz de mí lo que tú desees. Mi vida y mi tiempo están en tus manos." Está es una posición de completa seguridad porque Dios solamente hará en nosotros y por nosotros lo que es mejor para nuestro bien eterno. Estamos confiando en Él única y completamente. El resultado es la paz. Ya no tenemos que seguir luchando. Ya no tenemos que forjar nuestro propio camino, crear nuestro propio éxito o ser responsables por todas las consecuencias de nuestro trabajo. Dios es quien tiene el control. Nosotros podemos descansar en sus brazos.

Qué bendición representa esta paz para nosotros. Como Pablo le escribió a Timoteo: "Pero gran ganancia es la piedad acompañada de contentamiento" (1 Timoteo 6:6).

La paciencia. Cuando competimos con otros, procurando alcanzar nuestra propia gloria y haciendo esto a expensas de los demás, entonces no les tenemos paciencia. Más bien, estamos procurando hacer que algo suceda; cuanto antes, mejor. Cuando Dios nos quebranta, nos damos cuenta de que nuestro cronograma y nuestra definición del éxito no son suyos. Sus caminos, sus propósitos y sus planes para nosotros son más elevados de lo que jamás nos podemos imaginar. Cuando sabemos que somos suyos por toda la eternidad, nos sentimos mucho más inclinados a confiar en que Él está obrando en la vida de los demás, siempre de acuerdo con sus métodos y sus cronogramas.

La benignidad. Cuando estamos ligados a los deseos de la carne en lugar de estar ligados a los deseos del Espíritu, insistimos en seguir nuestros propios caminos. Deseamos lo que nos interesa, cuándo nos interesa. Arrollamos con nuestra voluntad la de los demás en una persecución egoísta, motivada por el orgullo que va detrás de lo que nos parece que nos pertenece legítimamente.

El quebrantamiento nos lleva al punto en el cual nos damos cuenta de que no tenemos derechos. Todos nuestros derechos están rendidos a Dios. Él arranca de nosotros la competitividad.

Ser libres de la competitividad no significa que perdamos nuestra fuerza. Siempre permaneceremos fuertes en resistir al diablo. Debemos ser valientes en la oración y en testificar a otros, pero el quebrantamiento nos trae al lugar en el cual nos damos cuenta con mucha claridad de lo que Pablo les escribió a los efesios:

> Porque no tenemos lucha contra sangre y carne, sino contra principados, contra potestades, contra los gobernadores de las tinieblas de este siglo, contra huestes espirituales de maldad en las regiones celestes.
>
> Efesios 6:12

Pablo dijo que para esta lucha debemos estar fuertes en el Señor y en el poder de su fuerza (véase Efesios 6:10). Les escribió a los corintios: "Velad, estad firmes en la fe; portaos varonilmente, y esforzaos" (1 Corintios 16:13).

Cuando sabemos con certeza que nuestra lucha no es contra la gente sino contra el enemigo de nuestra alma, el malvado que es el motivador y el instigador del mal que esas personas nos hacen, nos resulta mucho más sencillo ser benignos con las personas. Tenemos la capacidad de amar al pecador, aunque odiemos el pecado y combatamos espiritualmente contra el tentador.

La bondad. El quebrantamiento nos lleva al lugar en donde sabemos que la única bondad que tenemos en el corazón está allí porque el Espíritu Santo mora en nosotros. Sólo Dios es bueno . . . y Dios está en nosotros y con nosotros. Su presencia nos da el deseo de hacer buenas obras, de tomar buenas decisiones y de encontrar buenas soluciones porque la misma naturaleza divina es el amor.

En tanto permanezcamos sin ser quebrantados y sin someternos a Dios, nos encontraremos librados a nuestras propias definiciones humanas y egoístas de lo que es bueno. Aquellas cosas que definimos como buenas inevitablemente nos desilusionan. Una buena apariencia no siempre resulta atractiva. Una buena mente no siempre tiene la respuesta. Un buen ingreso no siempre suple todo lo que necesitamos. Una buena herencia familiar no siempre resulta en éxito personal. Solamente lo que Dios define como bueno tiene un atractivo y un beneficio duradero.

La bondad se expresa en el perdón. Cuando estamos quebrantados, ya no les demandamos a los demás lo que nos deben por el desgaste emocional debido al mal trato. Ya no tratamos de manipular a las personas, de controlarlas o de castigarlas por lo que han hecho o por lo que sospechamos que podrían hacer. No guardamos rencores. Con rapidez podemos decir en oración: "Esta persona te pertenece, Señor. Te la encomiendo totalmente a ti. Confío en que tú obrarás en su vida."

La bondad de Dios nos obliga a velar por el bien de los demás y a hacer todo lo que podamos para edificarlos. La bondad nos anima a ayudar a los que se encuentran en necesidad, a orar por los que no conocen al Señor, y a buscar la justicia en favor de los que están oprimidos.

Jesús siempre hizo el bien. Cuando la bondad del Espíritu Santo fluye en nosotros, haremos las obras que Jesús hizo, y las haremos de corazón.

La fidelidad. Hasta el momento en que nos rendimos completamente a Dios, estaremos mirando para descubrir qué cosa o qué persona nos pueda satisfacer, ayudar, amar o darnos algo. Seremos como la persona casada que sigue coqueteando con cualquier otra persona interesante que se le cruza por el camino. En nuestro corazón no somos fieles a Dios, aquel que nos ama genuinamente, que nunca nos dejará ni nos desilusionará y que jamás dejará de amarnos.

El quebrantamiento nos trae al lugar donde decimos: "Soy verdaderamente tuyo, Señor, y ninguna otra persona puede reclamar mi espíritu eterno. Sólo tú eres Dios." Esta es una posición de fidelidad genuina e inamovible.

Como Jesús nunca abandonó al Padre, ni siquiera por un momento, así el Espíritu Santo produce en nosotros el deseo de estar con el Padre y de no dejarlo nunca, ni siquiera por un momento.

La mansedumbre. Mientras permanezcamos sin ser quebrantados y sin someternos a Dios, buscamos otras fuentes ajenas a Dios para satisfacer nuestras necesidades. Nos miramos y nos damos cuenta rápidamente de que no podemos satisfacer todas nuestras necesidades.

Entonces, nos dirigimos a otras personas. Les exigimos que nos amen, que nos cuiden, que provean para nosotros, y que satisfagan todas nuestras necesidades emocionales. Con el tiempo, descubrimos que los demás nos fallan con tanta frecuencia como nos fallamos a nosotros mismos. Los demás no son una fuente confiable. Nuestra respuesta hacia ellos es el resentimiento, el enojo y la amargura, o sentimos que nos han desilusionado y esto nos produce frustración. ¿Qué sucede cuando tenemos estas emociones? ¡Reaccionamos con muy poca mansedumbre!

Decimos cosas abusivas y rudas. Tratamos bruscamente a las personas, las rechazamos y las ridiculizamos en público y las ponemos en situaciones embarazosas. Las ignoramos y nos aislamos de ellas. Somos ásperos.

La razón subyacente de nuestro comportamiento es que estamos desilusionados porque ellos no han satisfecho nuestras expectativas.

La realidad es que sólo Cristo Jesús puede satisfacer nuestras expectativas. Él es el único que puede satisfacer verdaderamente todos nuestros deseos y saciar todas nuestras necesidades emocionales. Sólo Él puede proveer todo lo que necesitamos, tanto en esta vida como en la por venir.

El quebrantamiento nos lleva al punto en el cual somos capaces de ser amables y bondadosos con los demás porque reconocemos que Dios ha sido amable y bondadoso con nosotros. Podemos confiar en que los demás podrán satisfacer sus necesidades en Dios y podremos entrar en una relación saludable con las demás personas que edifica y no desgasta.

La templanza. Cuando le entregamos todo el control a Dios, Él nos devuelve la templanza, es decir, la habilidad para decirle no a Satanás en las tentaciones. Tenemos la capacidad de resistir al mal, capacidad que no posee la persona que no ha sido salva.

Uno de los rasgos que Dios quebranta en nosotros es nuestra codicia voraz de satisfacer nuestros anhelos y deseos. Él nos quebranta para que deseemos lo que Él desea. Descubrimos que Dios desea que tengamos lo que necesitamos y lo que nos traerá gozo, muchas veces con cosas que jamás hubiéramos soñado que pudieran satisfacer los anhelos más profundos del corazón. El quebrantamiento cambia nuestros deseos.

EL FRUTO EXTERNO DE LA PRESENCIA DE DIOS EN NOSOTROS

Muchos cristianos creen que el fruto externo que deben exhibir es lo que llamaríamos obras en la iglesia. Definen la vida cristiana como una vida en la que se asiste regularmente a las reuniones de la iglesia, se lee la Biblia, se ora, se invita a otras personas a concurrir a la iglesia, y participa en varios comités, comisiones y juntas.

El quebrantamiento nos lleva al punto en el cual redefinimos la productividad de nuestro testimonio. El fruto externo que Dios nos llama a producir es declarar su verdad y satisfacer las necesidades de aquellos que se cruzan en nuestro camino. Debemos ser testigos que estén prestos a testificar de su amor y su poder: "Que hagan bien, que sean ricos en buenas obras, dadivosos, generosos" (1 Timoteo 6:18).

Siempre debe estar preparado para darle una respuesta a cualquiera que le pida una razón por la esperanza que uno tiene (véase 1 Pedro 3:15).

El propósito principal de las actividades que llamamos disciplinas cristianas — oración, lectura y estudio de la Biblia, asistencia regular a las reuniones de la iglesia — es que *sepamos* qué decir cuando surge una necesidad y que nos sintamos inmediatamente motivados a brindar asistencia cuando vemos a alguien que requiere de nuestra ayuda. El momento más candente de una crisis no es el tiempo para preparar nuestro espíritu. Las disciplinas cristianas no nos hacen cristianos; más bien, nos preparan para la verdadera vida cristiana, una vida guiada diariamente por el Espíritu Santo que nos conduce a hacer actos específicos de servicio que edifican al cuerpo de Cristo y que son un testimonio poderoso para los incrédulos que observan nuestra vida.

Por cierto, el Señor nos llama a cumplir ministerios sobrenaturales, tal como hemos discutido en un capítulo anterior. Dios nos ha dado dones y nos ha preparado para transitar por las sendas del servicio. Sin embargo, la forma en la que actuamos y las decisiones que tomamos diariamente dentro de esas áreas de ministerio, deben ser objeto de la guía y la dirección poderosa del Espíritu Santo. Debemos confiar totalmente en Él y permitirle armar nuestro plan diario.

Nuevamente, la razón del quebrantamiento es que podamos darnos cuenta de que la vida que vivimos ya no es nuestra. Es la vida de Jesús. Debemos rendirnos diariamente a la vida que Él desea vivir en nosotros.

Lo que descubrimos a través del quebrantamiento es que cuando sometemos verdaderamente nuestra voluntad a la suya y le permitimos que obre a través de nosotros, nuestro servicio hacia los demás tiene mucho más poder y efectividad. Por cierto, cuanto más permitamos que Dios pode de nuestra vida los retoños silvestres, tanto más capacitados estaremos para llevar más fruto.

Si sabe algo acerca de las vides, sabrá que necesitan ser podadas todos los años. En los crudos días de invierno, la poda parece severa, pero cuando llegan los nuevos brotes en la primavera, uno puede ver todo el propósito de la poda. Las vides que se podan dan más fruto. Se quitan las ramas viejas, muertas, que ya no pueden producir. Todo el alimento que viene desde las raíces va directamente a las ramas que están en condiciones de dar fruto. Estas ramas que permanecen luego de la poda incluso llevan un nombre: pámpanos.*

Lo mismo sucede con la obra del Espíritu Santo. En la medida en que se podan nuestras manchas y pecados, somos capaces de ser y de hacer mucho más de lo que hubiéramos sido capaces antes de la poda divina.

Por ejemplo, una persona puede ser muy elocuente y puede tener grandes habilidades, talentos y una gran personalidad innatos. Puede tener un gran carisma y un gran porte, pero si Dios no se encuentra en el centro de la forma en que estos rasgos naturales se manifiestan, tendrán una apariencia hueca, falsa y egoísta. Solamente cuando le damos a Dios el centro del escenario de nuestra vida, entonces nuestras habilidades naturales florecerán verdaderamente y serán bien recibidas. Debemos estar dispuestos a ser quebrantados para que podamos dar mucho fruto.

¿Realmente desea lo mejor de Dios para su vida?

¿Genuinamente desea lo que Dios desea para usted?

¿Anhela experimentar lo mejor de las bendiciones de Dios?

---

* Nota de la traductora: En inglés, la palabra que se utiliza para el vocablo "pámpano" es una palabra compuesta (*fruitwood*) formada por las palabras "fruta" y "madera"; por lo tanto el énfasis que pone el autor en este término tiene que ver con su etimología ya que se refiere a las ramas que quedan en condiciones de dar fruto, lo cual no queda implícito en el vocablo en castellano.

El camino hacia la bendición de tener un nuevo carácter — el carácter del Señor Jesucristo mismo — y un nuevo poder en su ministerio personal y en su servicio a favor de los demás es un sendero que incluye el quebrantamiento. Dios no tiene otro plan para nosotros. El quebrantamiento es su manera de bendecirnos.

Permítale a Dios que realice su obra en usted. Sométase a las lecciones que Él le está enseñando. Rinda su voluntad a la de Él. ¡Y entonces vea lo que Dios tiene preparado para usted!

DIEZ

LA PROMESA DE LA BENDICIÓN

¿Qué es una bendición?

En nuestro mundo actual, con demasiada frecuencia se define la bendición como prosperidad. Aunque estoy convencido de que tener suficiente dinero y estar en condiciones de pagar las cuentas es una bendición, una verdadera bendición de Dios se extiende mucho más allá del sueldo, la adquisición de propiedades o la acumulación de posesiones.

Muchos hombres y mujeres solteros definen a la bendición como el casamiento. Los padres consideran que sus hijos son una bendición. La salud, la belleza de la naturaleza y un trabajo satisfactorio son bendiciones de Dios.

Pero aun estas bendiciones, por maravillosas que sean, se quedan escasas al tratar de dar una definición completa de la bendición.

La intención de la bendición de Dios es nuestro beneficio o bien eterno. Una bendición genuina siempre tiene un componente eterno.

EL QUEBRANTAMIENTO Y LA BENDICIÓN SEGÚN PABLO

El apóstol Pablo sabía lo que era ser quebrantado, y también sabía lo que era experimentar la bendición de Dios, especialmente la que viene después de un tiempo de quebrantamiento. Su vida es uno de los milagros asombrosos del Nuevo Testamento.

Pablo nació como Saulo de Tarso. Tenía una gran herencia y un formidable trasfondo: criado como un judío recto y cumplidor, pero con ciudadanía romana. Como consecuencia de su celo religioso, persiguió fuertemente a los primeros cristianos que formaban la iglesia, hasta el punto de encarcelarlos y matarlos. Se encontraba de camino a Damasco para extender la persecución fuera de los límites de Israel cuando Cristo Jesús — que se le apareció y le habló en una visión en medio de una luz muy brillante — le hizo frente. Pablo rindió su vida a Cristo y recibió el perdón de Dios.

Pablo era obstinado y agresivo. Estaba decidido a cumplir con su tarea, sin importar el costo. Cuando el Señor Jesucristo lo salvó, ¿qué era él? Una piedra preciosa en bruto. Dios comenzó a realizar una tarea de perfeccionamiento y preparación en la vida de Pablo, una tarea de quebrantamiento.

Durante un lapso de tres años, el Señor guió a Pablo a retirarse hacia Arabia para luego volver a Damasco. No sabemos con exactitud lo que hizo Pablo durante estos años. Se reunió con Pedro y con Santiago en Jerusalén durante un período de quince días. También viajó a Siria y a Cilicia. Pasaron unos catorce años antes de que Pablo entrara en un ministerio activo de predicación. Atravesó catorce años en los cuales fue quebrantado, refinado, cincelado y preparado para un ministerio sobrenatural (véase Gálatas 1:15 — 2:1).

Pablo habla de este período diciendo que recibió el evangelio mediante la revelación de Jesucristo y que a Dios le agradó revelarle a su Hijo para que pudiera predicar entre los gentiles (véase Gálatas 1:12,15,16).

No hubo nadie que tuviera las revelaciones, la iluminación o la inspiración que tuvo Pablo. Aquellos años de aislamiento con Dios — permitiéndole a Dios que le revelara la verdad de Jesucristo a través de las Escrituras y a través de la experiencia — fueron años de inmenso valor en su vida.

Una vez que Pablo se embarcó en los viajes misioneros, supo lo que significaba ser perseguido con dureza. Sus enemigos lo persiguieron, varias veces lo azotaron con cuerdas y látigos, estuvo preso varias veces y sufrió un naufragio. Adondequiera que iba, enseguida se creaba una oposición en contra de él. Pablo sabía muy bien lo que significaba ser rechazado, criticado, ridiculizado, perseguido, acusado y que sospecharan de él.

Probablemente ningún otro ser humano haya atravesado tanto sufrimiento, dolor y problemas como Pablo en sus años de ministerio.

Estos sufrimientos también le sirvieron de lecciones. Lo refinaron en diversas maneras. Probablemente las dos lecciones más grandes que Pablo aprendió de estos tiempos de quebrantamiento fueron las de sus propias limitaciones y la gracia ilimitada de Dios. Estas son las dos lecciones más valiosas que cualquiera de nosotros puede aprender.

La lección de nuestras limitaciones

Pablo nos dice en sus propios escritos que había aprendido que no podía vivir la vida cristiana en sus propias fuerzas. En Romanos 7:18-25 leemos:

> Yo sé que en mí, esto es, en mi carne, no mora el bien; porque el querer el bien está en mí, pero no el hacerlo. Porque no hago el bien que quiero, sino el mal que no quiero, eso hago. Y si hago lo que no quiero, ya no lo hago yo, sino el pecado que mora en mí. Así que, queriendo yo hacer el bien, hallo esta ley: que el mal está en mí. Porque según el hombre interior, me deleito en la ley de Dios; pero veo otra ley en mis miembros. ¡Miserable de mí! ¿quién me librará de este cuerpo de muerte? Gracias doy a Dios, por Jesucristo Señor nuestro.

Dios desea que cada uno de nosotros llegue al final de sí mismo, reconociendo que no es capaz de tener éxito en sus propias fuerzas, conocimiento o fuerza de personalidad.

Si no aprendemos esta lección, entonces continuaremos confiando en nosotros mismos, en el respaldo o la herencia que tenemos, en nuestra educación y en las calificaciones, en la determinación y la ambición, en el compromiso y la fuerza de voluntad. Dios nos quebranta para enseñarnos que no podemos vivir una vida abundante en esta tierra o en la vida eterna en el cielo sin su ayuda.

La lección de la gracia ilimitada

La segunda gran lección que Pablo aprendió a través de sus aflicciones fue la lección de la gracia ilimitada de Dios.

En 2 Corintios 12:7–10 leemos esta confesión de Pablo:

> Y para que la grandeza de las revelaciones no me exaltase desmedidamente, me fue dado un aguijón en mi carne, un mensajero de Satanás que me abofetee, para que no me enaltezca sobremanera; respecto a lo cual tres veces he rogado al Señor, que lo quite de mí. Y me ha dicho: Bástate mi gracia; porque mi poder se perfecciona en la debilidad. Por tanto, de buena gana me gloriaré más bien en mis debilidades, para que repose sobre mí el poder de Cristo. Por lo cual, por amor a Cristo me gozo en las debilidades, en afrentas, en necesidades, en persecuciones, en angustias; porque cuando soy débil, entonces soy fuerte.

Pablo había aprendido que cuanto más débil se encontraba, con mayor intensidad se liberaba el poder de Dios a través de él.

No conocemos precisamente cuál era la naturaleza de la espina en la carne de Pablo. Pero sí sabemos que era algo doloroso, porque la palabra que utiliza al decir espina implica un dolor incesante, agudo y punzante. Sabemos que era algo que producía un impacto en su cuerpo porque era una espina en la carne. Sabemos que fue algo que lo dejó con una conciencia de insuficiencia y debilidad.

Esta espina en la carne actuó en la vida de Pablo como una herramienta de quebrantamiento para llevarlo al lugar donde ya no le pediría a Dios que quitara esa espina de su vida — algo que dice que había hecho tres veces — sino más bien, la aceptó como un medio de Dios para traerle la bendición de saber que Dios era suficiente para él, sin importar cualquier circunstancia externa.

Nunca he experimentado lo que llamaría una espina en la carne, pero he tenido problemas personales que parecían no darme tregua. No importaba lo que dijera o hiciera, estos problemas continuaban. Eran problemas que desafiaban toda razón, toda lógica y todos los medios normales de solución. Y cuánto más oraba para que estos problemas se resolvieran o para que Dios los quitara de en medio, más molestos parecían ser.

Al mismo tiempo, pude mirar y ver que todo en el ministerio sobrenatural al cual Dios me había llamado estaba floreciendo. Las almas se salvaban, las personas recibían ayuda, el evangelio llegaba a lugares adonde nunca antes habíamos podido llevarlo. Dios estaba haciendo su obra a pesar del dolor que yo estaba experimentando, o tal vez a causa del mismo.

En momentos cuando me hallaba con un dolor interior agudísimo y con mucha angustia, las personas venían y me decían: "Dr. Stanley, nunca lo hemos escuchado predicar mejor. Nunca había tocado mi corazón como lo hizo esta mañana. Dios realmente lo está usando para cambiar cosas en mi vida que necesitaban un ajuste."

He llegado al punto en el cual he dicho: "Esta es tu obra, Señor. Evidentemente no es mi obra. Si tener esta gran lucha en mi vida significa que tú recibes más gloria y que tus propósitos se cumplen, entonces estoy determinado a agradecerte por este problema."

Esta lección acerca de la naturaleza ilimitada de la gracia de Dios es una lección que muy probablemente aprenderemos sólo cuando lleguemos a los límites absolutos de nuestra capacidad de soportar y de nuestra tolerancia para experimentar el dolor y el sufrimiento. Dios sabe precisamente cuánto calor podemos soportar en su proceso de refinarnos para llevarnos a la perfección.

REFINADOS A TRAVÉS DEL CALOR

El refinamiento de los metales preciosos, especialmente la plata y el oro, comienza a baja temperatura. Ciertas impurezas responden rápidamente al calor, y suben a la superficie del metal, y así se las puede quitar. Entonces el calor se intensifica. Otras impurezas suben a la superficie de la caldera de metal fundido y allí de nuevo se las quitan. Únicamente bajo el calor más intenso se logra separar las escorias más rebeldes de los metales pesados para que suban a la superficie donde pueden ser removidas.

Lo mismo sucede en nuestra vida. El quebrantamiento en nuestra vida aumenta por grados. Dios nos quebranta capa por capa, poco a poco. Si Dios fuera inmediatamente a las áreas más profundas de nuestra vida, no podríamos soportarlo. Nos sentiríamos tan avasallados que no sólo se quebrantaría la voluntad, sino que también nuestro mismo espíritu se haría pedazos.

Las cosas que se encuentran incrustadas más profundamente en nosotros son aquellas que deben ser objeto de los mayores quebrantamientos. Sólo cuando se remueven estas debilidades o manchas profundamente arraigadas y enquistadas en nuestro espíritu, podemos decir con certeza: "Sé que la gracia de Dios es suficiente para todo. Dios me ha despojado de lo que parecía ser mi misma esencia, mi misma voluntad, la verdadera capacidad para ministrar, mi propia vida. Sé que Dios me es suficiente porque se ha convertido en mi esencia, en mi voluntad, en mi ministerio, en mi vida."

Hay un maravilloso poema que quiero incluir a continuación acerca del crisol del fuego purificador de Dios que nos revela su gracia:

Sentado estaba junto al fuego siete veces calentado
mientras miraba el oro precioso.
Y se inclinaba para fijar su atención
mientras lo calentaba con mayor intensidad.
Sabía que el metal la prueba soportaría,
y el oro más refinado es lo que él quería
para moldear una corona que usaría el rey,
engarzadas gemas de un precio inestimable.

Así, dejó nuestro oro en el fuego abrasador,
aunque hubiéramos dicho: "No lo hagas."
Y observó mientras la escoria que nosotros
no habíamos visto, se derretía y dejaba de ser.
Y el oro se hizo más brillante, y aun más,
pero las lágrimas de nuestros ojos desbordaban.
Sólo veíamos el fuego, no la mano maestra
y cuestionábamos con temores ansiosos.
Sin embargo nuestro oro cada vez brillaba más
al reflejar una forma desde arriba
que se inclinaba sobre el fuego,
— aunque sin verla nosotros —,
con inefable amor en su mirada.
¿Podemos pensar que placer le trae
a su amoroso corazón
provocarnos momentos de dolor o de aflicción?
No, pero él vio a través de la presente cruz

de la eterna ganancia la bendición.
Entonces esperó allí con ojo avizor
con un amor que es fuerte y seguro.
Su objeto no sufrió ni una pisca más de calor
que lo que necesitaba para ser puro.

Autor desconocido

Pablo conocía toda la intensidad del fuego purificador de Dios en su vida, y como resultado de ese fuego obtuvo una comprensión de la ilimitada gracia de Dios.

CINCO GRANDES BENDICIONES QUE SURGEN DEL QUEBRANTAMIENTO

Al menos cinco grandes bendiciones surgen de nuestro quebrantamiento.

La bendición de comprender mejor a Dios

Sólo al ser quebrantados podemos en verdad comenzar a comprender la naturaleza de Dios. Podemos decir rápidamente: "Haz tu voluntad en mí, Señor." Pero, ¿cuáles son los caminos de Dios? La Biblia nos dice:

Porque mis pensamientos no son vuestros pensamientos, ni vuestros caminos mis caminos, dijo Jehová. Como son más altos los cielos que la tierra, así son mis caminos más altos que vuestros caminos, y mis pensamientos más que vuestros pensamientos.

Isaías 55:8,9

Al ser quebrantados, comprendemos los absolutos de Dios, comprendemos que sus mandamientos son justos, que sus promesas son seguras, que sus métodos y sus tiempos le pertenecen sólo a Él y que su provisión es completa.

Comprendemos mejor las Escrituras. Vemos modelos de cómo Dios obra en la vida de los seres humanos. Tenemos una comprensión más profunda de su amor. Sabemos más cabalmente lo que significa ser aceptado por Dios, no porque tengamos algún valor propio, sino exclusivamente porque Él es un padre amoroso. Tenemos una comprensión mayor del propósito de la cruz. Crecemos en la comprensión de la paciencia, el amor, la bondad y la tolerancia de Dios. Entendemos por propia experiencia su sufrimiento. Sabemos con creciente certeza que Él está al frente del control de nuestra vida perfecta y eternamente.

El proceso del quebrantamiento siempre exalta al Dios todopoderoso, a la cruz y a la gracia divina a un nivel más alto del que se encontraban anteriormente en nuestra percepción. Podemos vislumbrar la gloria de Dios y su naturaleza divina. Llegamos a tener una nueva profundidad en la comprensión de los múltiples atributos divinos.

Lo que podemos aprender acerca de Dios no tiene límite. La bendición es infinita porque Dios mismo es infinito en su bondad, en su grandeza y en su naturaleza eterna.

La bendición de comprendernos mejor a nosotros mismos

Mientras Dios nos quebranta, llegamos a tener una comprensión más profunda de nosotros mismos. Podemos trazar los senderos, las formas de pensar y las tendencias de nuestra vida desde la niñez y pasando por todos los años de crecimiento. Adquirimos una nueva comprensión de ciertas experiencias del pasado y de la forma en que nos afectaron para mejor o para peor. Vemos nuestras fallas emocionales y descubrimos las debilidades que tenemos en dar y recibir amor de los demás. Vemos nuestra dependencia y nos enfrentamos cara a cara con nuestras limitaciones y debilidades. Vemos cómo el temor nos ha paralizado y ha frustrado los propósitos de Dios en nosotros.

También llegamos a conocer los talentos, dones y habilidades que Dios nos ha dado. Vemos las maneras en que el Señor nos ha fortalecido, nos ha preparado y nos ha formado. A través de los períodos de quebrantamiento vemos cómo Dios ha tratado con nosotros con ternura y misericordia.

Una de las cosas que siempre comprendemos con mucha claridad en los tiempos de quebrantamiento es que somos pecadores.

El quebrantamiento siempre tiene que ver con el pecado: el pecado del orgullo, el pecado de la rebelión, como así también otros comportamientos pecaminosos que Dios desea quitar de nosotros. Al ser quebrantados, nos damos cuenta de que a pesar de haber aceptado a Cristo como nuestro Salvador, todavía tenemos la capacidad de pecar. Esto trae pesar al corazón.

El proceso de quebrantamiento nos revela que estamos siendo renovados y continuamente limpiados, fortalecidos y refinados por Dios. Dios está quitando el pecado de nuestra vida, capa a capa.

Algunas personas creen que cuando aceptan a Cristo como su Salvador, se encuentran completamente libres, no sólo de su pasado pecaminoso, sino también de cualquier pecado que pudieran cometer en el futuro. La salvación trata con nuestra naturaleza pecadora. Nos sitúa en una relación de perdón con Dios, pero a menos que comprendamos que todavía seguimos teniendo la capacidad de pecar, nos sentiremos muy confundidos, frustrados y desilusionados con nosotros mismos a medida que pasa el tiempo. Finalmente en algún momento erramos. Este no es momento para pensar: "No he sido salvo", o "Estoy lejos de la salvación." Más bien, nuestro pecado debería obligarnos a acercarnos más a Dios, pidiéndole que quite esa tendencia, ese rasgo, ese hábito en nosotros.

Cuando el Señor nos salva, se rompe el poder del pecado sobre nosotros. Romanos 6:14 declara: "Porque el pecado no se enseñoreará de vosotros." Hemos sido libertados de las garras del enemigo. Ahora nuestro dueño es Dios. Pablo prosigue diciendo: ". . . y libertados del pecado, vinisteis a ser siervos de la justicia (Romanos 6:18). Esto significa que continuamente estamos procurando entender lo que significa vivir en una relación correcta con Dios y lo que es hacer las buenas obras a las cuales Dios nos ha llamado para que las llevemos a cabo en el poder del Espíritu Santo. Cada vez que nos rebelamos, nuestro primer impulso debería ser decir: "Señor, ayúdame. Límpiame de este mal. Me someto a ti."

Esta comprensión viene a nosotros cuando Dios nos quebranta. Esta gran bendición nos da una maravillosa libertad, la liberación de los resultados devastadores y los estragos del pecado.

Recibimos la liberación de la culpa. Tenemos los medios para ser liberados de la culpa y recibir el perdón instantáneamente.

Recibimos la liberación de la responsabilidad de tener que seguir solos con nuestro pecado, de luchar contra las tentaciones que nos asaltan. Dios está con nosotros para fortalecernos a fin de que podamos resistir al diablo y a sus tentaciones.

Recibimos la liberación de la confusión, de la continua duda de si estamos equivocados o no. El Espíritu Santo aviva nuestro espíritu para convencernos rápida e insistentemente de nuestros errores.

¡Qué maravillosa bendición es poder reconocer que aunque todavía podemos pecar, Cristo Jesús nos ha hecho libres para poder renunciar el pecado, recibir el perdón cuando hace falta y tener victoria sobre el mal!

Junto con la libertad viene la paz, la calma interior, la sensación de que la lucha más grande de la vida ha terminado. Estamos seguros en las manos de Dios. No necesitamos recurrir a las píldoras o a las bebidas alcohólicas para encontrar solaz. Una vez que estamos verdaderamente quebrantados y que estamos en completa sumisión a Dios, la paz que sobrepasa todo entendimiento inunda nuestra alma, más allá de toda explicación (véase Filipenses 4:7).

La bendición de una mayor compasión hacia los demás

Junto con la mayor comprensión de la naturaleza de Dios y de la de nosotros mismos que obtenemos a través del quebrantamiento, comenzamos a mirar a las otras personas de manera diferente. Comenzamos a ver que los demás no son peores ni mejores que nosotros.

En el fondo, todos somos pecadores. Todos necesitamos la gracia de Dios y el poder purificador del Espíritu Santo obrando en nosotros. Necesitamos cambiar, crecer y desarrollarnos en distintos aspectos. Ninguno de nosotros está sin fallas y debilidades.

A través del quebrantamiento, llegamos al lugar en el cual podemos decir:

- Padre, fuiste paciente conmigo. Así que yo puedo ser paciente con él.
- Padre, te mostraste amoroso y misericordioso para conmigo. Por lo tanto, yo le puedo extender este amor y esta misericordia a ella.
- Padre, me perdonaste. Yo también puede perdonar a esta persona que me ha lastimado.

El quebrantamiento nos hace menos críticos. También nos abre de nuevas maneras para que seamos vehículos del amor de Dios hacia otros.

Una de las bendiciones más maravillosas que podemos experimentar en la vida es la de ayudar a alguna persona a volverse a Dios y luego a crecer en Él.

La bendición de un mayor entusiasmo por la vida

Cuando llegamos al final de nosotros mismos y nos paramos en la antesala del amor incondicional e ilimitado de Dios, descubrimos que podemos apreciar de una manera mejor todos los dones que Dios nos ha dado. Nuestro corazón se renueva en acción de gracias y con la conciencia de la bondad de Dios que se ha extendido hasta nosotros.

Las canciones adquieren un nuevo significado; nuestro canto adquiere una nueva vida. El interés que sentimos por la vida se enciende nuevamente. Nos sentimos más libres para expresarnos creativamente. Estamos más dispuestos a correr riesgos al comunicarnos con los demás y a ser emocionalmente vulnerables.

Las partes duras de nuestra alma han sido quebradas, por lo tanto estamos más prestos a reír con ganas y a llorar con ternura. Tenemos una nueva habilidad para divertirnos de un modo sano, limpio y puro.

La bendición de una creciente conciencia de la presencia de Dios

Dios siempre está con nosotros, pero el quebrantamiento nos hace más sensibles a esta presencia.

Tantas veces en mi vida pensé: *Dios debe de haberme abandonado*, sólo para darme cuenta rápidamente: *No, Él está aquí*. Su presencia viene a menudo cuando menos lo esperamos en nuestro quebrantamiento. Él nos consuela y nos da la seguridad de que nunca nos dejará ni nos abandonará.

Es entonces en la intimidad de nuestro espíritu que Dios nos habla de su gran amor por nosotros. Nos dice cuánto nos valora y cuánto desea nuestro bien. Nos asegura que está con nosotros y que está obrando en y a través de nosotros.

Cuando nos sentimos seguros de la presencia de Dios en la vida, nos afirmamos. No existe seguridad mayor. Dios se revela a sí mismo como nuestro todo en todo, nuestra total provisión, nuestra máxima protección. Esto nos libera del temor, de la presión y de la preocupación. Produce en nosotros una paz que no se puede describir y un gozo inefable que llena el corazón hasta rebalsar, sin importar cuáles sean las circunstancias que nos rodean.

VALE LA PENA SUFRIR EL CONFLICTO

Dios es paciente. Él ve el fin de nuestro quebrantamiento y sabe que vale la pena aguardar la bendición que tiene para nosotros. Cuando nos rendimos a los propósitos de Dios y comenzamos a experimentar las bendiciones que provienen del quebrantamiento, nosotros también podemos decir: "Estoy agradecido por esta prueba. Alabado sea el Señor porque ha terminado, pero alabado sea también porque Él ha tenido el cuidado de purificarme de esta manera. ¡No cambiaría la bendición de esta experiencia por ninguna cosa en el mundo!"

¿Se puede suponer que Jesús alguna vez ha mirado hacia atrás al momento de su crucifixión diciendo que hubiera deseado que no sucediera? ¡No, mil veces no! Él comprende todo el propósito y toda la bendición de su crucifixión, incluyendo la gloriosa bendición de su resurrección.

LA OBRA PURIFICADORA DEL DOLOR

Un día hace varios años, al orar me venía a la mente una frase una y otra vez: *La obra purificadora del dolor*. No comprendía lo que esa frase quería decir, pero sabía que Dios había plantado la misma en mi mente y que era importante. Alrededor de dos semanas más tarde, mi madre tuvo un ataque al corazón, y en el lapso de los tres meses siguientes la vi morir. Pensé que éste era el dolor del cual Dios me había hablado previamente. La pérdida de mi madre fue muy dolorosa para mí, pero a través de todo su sufrimiento, Dios me aseguró que Él estaba realizando una obra purificadora en ella y en mí. Un proceso de refinamiento estaba operando en nuestra vida.

Ni siquiera me imaginaba que el dolor no terminaría con la muerte de mi madre. Siguieron viniendo una situación tras otra hasta darme la sensación de que el sello de mi vida en estos últimos cuatro años ha sido el dolor. Sin embargo, cuando miro hacia atrás a esos meses y años, puedo decir con certeza: "Sé que Dios me ha purificado de muchas maneras. Me ha mostrado cosas acerca de mí mismo y me ha enseñado otras que me han hecho más fuerte, más sabio y me han hecho una persona mejor de lo que fui hace cuatro años. Él está transformando las cosas para bien."

Puedo mirar hacia atrás y ver cómo Dios me ha suavizado, ha cambiado mi forma de pensar, ha expandido mi compasión hacia los demás en medio de su dolor. Yo no cambiaría estas experiencias por ninguna otra cosa. Lo que a otros puede parecer devastador, a mí me parece providencial. Las experiencias dolorosas que ocurren en nuestra vida no se deberían clasificar como maldiciones. Tienen el potencial para ser los medios hacia la bendición, y seremos sabios si las consideramos de esta manera.

Esto no quiere decir que yo comprenda todo lo que ha sucedido. Hay algunas cosas que no las entenderemos hasta la eternidad. No significa que uno sienta menos dolor, pero la perspectiva de saber que Dios está obrando me libra del desagrado, de la amargura y de la hostilidad. Le he dicho: "Voy a salir de este dolor con una relación más íntima contigo. Voy a crecer a causa de esto. Elijo ser mejor, y no amargarme."

Si acariciamos el dolor nunca ganaremos. Si estamos dispuestos a olvidar el dolor que otros nos han causado, entonces estaremos en condiciones de cambiar y desarrollarnos para convertirnos en la clase de personas que Dios desea que seamos.

LA CONDICIÓN PARA LA BENDICIÓN

Dios pone sólo una condición para que podamos recibir la bendición que nos quiere dar a través del quebrantamiento: Debemos estar dispuestos a someternos a Él.

Si estamos dispuestos a rendirnos a Él, nos conduce a una victoria total al finalizar el quebrantamiento. Puede llevarnos meses o años para darnos cuenta de que esa victoria ha tenido lugar o para poder reconocerla, pero la victoria está asegurada.

Si nos plantamos en nuestra rebelión y nos negamos a rendirnos a Dios, estaremos restringiendo su bendición en gran manera. No es que Él tenga menos deseos de bendecirnos, pero nosotros hemos puesto una barrera de rebeldía y de falta de confianza entre nosotros y su bendición. Las bendiciones de Dios se encuentran envueltas en el hecho de que Dios está en nosotros y con nosotros y que nosotros estamos en Dios. Cuando nos negamos a rendirnos a Él en un aspecto de nuestra vida, eliminamos a Dios de ese lugar. Levantamos una pared que Él no va a violar. En el proceso, disminuimos la habilidad de Dios de cambiarnos y obrar a través de nosotros. Conocemos menos de Dios y menos de nosotros mismos; tenemos menos compasión por los demás, menos entusiasmo por la vida y menos intimidad con Él.

DIOS CONTINÚA OBRANDO EN NOSOTROS

El apóstol Pablo les escribió a los filipenses: ". . . estando persuadido de esto, que el que comenzó en vosotros la buena obra, la perfeccionará hasta el día de Jesucristo" (Filipenses 1:6).

Dios no se da por vencido con nosotros. Seguirá trabajando en nuestra vida, llevándonos a una y otra experiencia de quebrantamiento, hasta que lleguemos a ser perfectos en Cristo Jesús.

Sin embargo, no es probable que esto suceda antes de la muerte. Ninguno de nosotros en esta vida, en estos cuerpos físicos, viviendo en un mundo caído, puede conocer la perfección antes de estar en la presencia de nuestro Padre celestial en la eternidad. La buena noticia es que Dios siempre tiene una nueva manera para hacernos crecer. Siempre está obrando en nuestra vida.

Nunca superamos la necesidad de ser quebrantados de una manera u otra. Alabado sea Dios por eso. Nos ama tanto que nunca se rinde con nosotros, nunca pierde su interés en nosotros y nunca nos rechaza. Su deseo es vivir en una intimidad espiritual con nosotros para siempre.

Solamente nos pide que confiemos en Él como nuestro Dios, de tal manera que podamos ser su pueblo y que podamos llevarle gloria.

MI ORACIÓN POR USTED

Padre, cuán amorosos, tiernos, amables, clementes, buenos y vastos son tus métodos para llevarnos más cerca de ti, de tal manera que podamos experimentar más plenamente tu amor y cuidado por nosotros.

En este día oramos para que continúes obrando en nosotros y a través de nosotros para lograr tus propósitos.

Te pido por todos los que están perdidos, vagando sin saber qué hacer, sin un propósito ni una dirección, para que puedan abrirse a Jesucristo y aceptarlo como su Salvador, y que luego confíen en Él como su Señor. Te pido que le permitan al Espíritu Santo que los guíe, que los renueve y que los llene de poder para vivir una vida santa.

Padre, para quienes están hambrientos, sedientos o anhelando una mayor intimidad de espíritu contigo, o una mayor efectividad en su trabajo y en su caminar diario, te pido que contestes a ese clamor de su espíritu. Quebrántalos como sólo tú sabes dónde y cómo quebrantarlos, y hazlos completos. Llévalos a la madurez

*espiritual para que puedas usarlos en ministerio sobre-
natural.*

*Enséñanos, Padre. Revélanos de qué manera deseas
que cambiemos, crezcamos y nos desarrollemos. Ayúdanos a quitar de nosotros aquellas cosas que son contra-
rias a tus propósitos. Ayúdanos a abrazar aquello para
lo cual nos has llamado y que esperas que hagamos.*

*Deseamos más de ti en nuestra vida; deseamos cono-
certe mejor, tener una relación más profunda contigo, y
queremos sentir tu presencia morando en nuestra vida
siempre.*

*Quebrántanos, querido Padre, de tal manera que
puedas moldearnos a tu imagen y semejanza. Hoy confiamos en que obrarás en nosotros para nuestro bien y
para tu eterna gloria.*

En el nombre de Jesús. Amén.

Nos agradaría recibir noticias suyas.
Por favor, envíe sus comentarios sobre este libro
a la dirección que aparece a continuación.
Muchas gracias.

Vida@zondervan.com
www.editorialvida.com